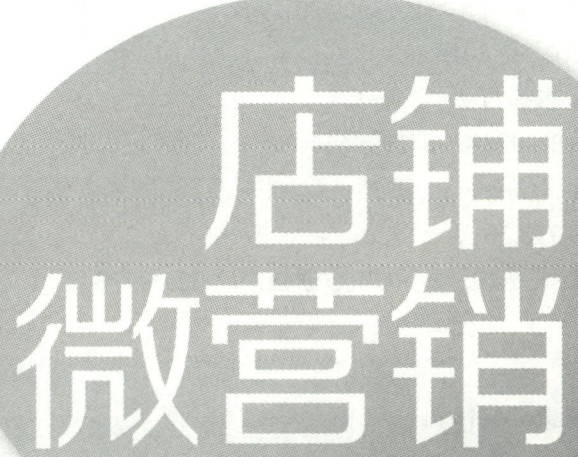

店铺微营销

吴帝聪　刘建邦◎著

"阿里加"集团联合创始人教你一本书玩转

微信、微博、QQ群、APP、O2O、二维码

开店可以赚大钱

立信会计出版社

LIXIN ACCOUNTING PUBLISHING HOUSE

图书在版编目（CIP）数据

店铺微营销/吴帝聪, 刘建邦著. -- 上海: 立信
会计出版社, 2015.8
　　（去梯言）
　　ISBN 978-7-5429-4654-6

　　Ⅰ.①店… Ⅱ.①吴… ②刘… Ⅲ.①网络营销
Ⅳ.①F713.36

中国版本图书馆CIP数据核字(2015)第133476号

策划编辑　　蔡伟莉
责任编辑　　张利勇
封面设计　　久品轩

店铺微营销

出版发行　　立信会计出版社

地　　址	上海市中山西路2230号	邮政编码	200235
电　　话	（021）64411389	传　　真	（021）64411325
网　　址	www.lixinaph.com	电子邮箱	lxaph@sh163.net
网上书店	www.shlx.net	电　　话	（021）64411071
经　　销	各地新华书店		

印　　刷	固安县保利达印务有限公司		
开　　本	720毫米×1000毫米	1/16	
印　　张	15	插　　页	1
字　　数	186千字		
版　　次	2015年8月第1版		
印　　次	2015年8月第1次		
书　　号	ISBN 978-7-5429-4654-6/F		
定　　价	39.80元		

吴帝聪简介

　　吴帝聪，阿里加教育投资集团联合创始人、阿里汇联合创办人，任阿里加教育投资集团总裁、阿里加影视传媒董事长及多家企业股东等职位。

　　担任联合国儿童基金会爱心大使、爱心大使联盟主席、重庆阳光520爱心形象大使、重庆青年志愿者联合会爱心形象大使等。

　　热爱演讲和培训，从校园中走出来的创业典范，涉足广告、装饰、幼教、互联网、生物科技等行业，大学时就获得人生第一桶金子，富有爱心，捐助47位艾滋病孤儿，被联合国儿童基金会评选为爱心大使，创建爱心大使联盟，联合众多影视明星参与公益，设立助学基金。

　　擅长企业招商、营销系统建设、互联网系统营销以及企业投资。深入研究不同行业企业的成功之道，培训学员超过50万人，培训企业超过200家，招商实战150场以上。

　　出版书籍：《成功就是少走弯路》《企业招商系统》《哈佛营销总监手册》《我一开口，就能说服所有人：马云说话之道》《小米内幕》等。

　　有声著作：《总裁招商密码》《总裁销讲密码》等。

　　公司品牌课程：《总裁运营密码》《新招商密码》《总裁销讲密码》《人性密码》《成交密码》《两性密码》《新商战密码》《财富密码》《天才密码》等。

品牌课程一：《总裁销讲密码》

您是否希望把话说出去把钱收回来，可以收钱、收人、收心、收灵魂？

您是否希望自己登台演讲销售自己的产品和项目？

您是否希望站在舞台上零成本快速吸引顶尖人才加入你的团队？

如果以上回答有一项是肯定的，那么《总裁销讲密码》将帮助您实现成为超级演说家、超级成交高手的梦想！

第一天	第二天	第三天
学习销讲的心法是什么？	如何打造自己的舞台基本功？	如何增强成交信念成交所有人？
销讲之前十大准备是什么？	如何运用八大情绪感染台下人？	如何找到成交的道与术？
好的销讲的精髓是什么？	突破内心恐惧的方法有哪些？	如何利用情绪瞬间成交？
成为销讲高手的关键因素是什么？	销讲系统流程9大关键问题是	如何把客户带入情景成交？
销讲与普通演讲的区别是什么？	什么？	如何8句话成交客户？
让观众立刻参与你的演讲的七个问句是	中场的万能销讲流程是什么？	如何运用成交的108种方法？
什么？	如何讲故事具有说服力？	如何用爱、魂、恨等一个字就成交？
如何开场三句话震撼全场？	如何寻找生命中的"三最"？	如何设计销讲稿？
如何三句话自我介绍让客户发出"哇"？	如何解决反对意见？	危机处理技巧和方法是什么？
如何用开场的万能销讲公式销售任何	如何运用明线和暗线埋雷？	如何提升成交率？
产品？	如何通过故事使用预先框式法？	销讲演练、现场互评、班委选举、毕业
如何达到说服力演说家的境界？	文字、语音语调、肢体动作如何	晚会如何组织？
演讲互动的注意事项有哪些？	完美结合？	

品牌课程二：《新招商密码》

您是否希望通过线上与线下招商的模式快速拓展市场？

你是否希望线上引流线下招商，实现招人、招资、招市，清空库存、收取现金？

你是否希望通过一场有效的招商升级业务模式裂变渠道？

如果以上回答有一项是肯定的，那么《新招商密码》将帮助您实现！

招商"天龙八步"

心法　战略　策略　团队　会务　演说　成交　工具

1. 吴帝聪与全国知名讲师同
   台千人演讲会

2. 吴帝聪系统课程《总裁招
   商密码》培训现场

3. 吴帝聪系统课程《总裁销
   讲密码》培训现场

吴帝聪与著名演员黄觉　　吴帝聪与影星周海媚

吴帝聪与歌手李宇春　　吴帝聪与著名演员濮存昕

1

1. 吴帝聪与影视明星一起参与公益慈善活动
2. 吴帝聪与《秘密》第一男主角鲍勃·普罗克特合影
3. 吴帝聪与世界第一名房地产销售大师汤姆·霍普金斯共进晚餐
4. 吴帝聪与美国首席谈判顾问罗杰·道森合影
5. 共和国演说家彭清一教授给吴帝聪赠送书法作品

2

3

4

5

前言

互联网时代的发展，特别是移动互联网时代的到来，让店铺的经营方式发生了很大的变化。在当下，谁能运用互联网思维打造自己的店铺，谁就能靠开店赚大钱。在我们身边有很多利用互联网思维赚大钱的事例，比如雕爷牛腩、Roseonly花店、三只松鼠……

雕爷牛腩。也许雕爷牛腩不是最赚钱的，但是在互联网上，它的人气绝对超过任何一家餐厅，这种人气的获得缘于雕爷孟醒依靠互联网思维来经营自己的餐馆。菜品少且精致，追求用户体验，通过互联网引爆，微博引流兼客服，用微信做客户关系管理。尽管餐饮是个最传统的行业，但雕爷把互联网的玩法统统嫁接到餐厅的经营当中，依靠O2O模式取得了经营的成功。

Roseonly专爱花店。Roseonly专爱花店是中国高端鲜花花店，它取得的业绩可以用"奇迹"来形容，仅仅上线6个月，销售就呈现出爆炸式增长趋势，而之后的8月销售额接近千万元。Roseonly专爱花店的成功很大一部分原因也是在利用互联网思维开花店，这其中就包括微博晒单营销、"MINI+车模"送花的模式吸引眼球、成功打造O2O模式。

三只松鼠。作为成功的电商，三只松鼠是利用互联网思维开网店的典范，比如注重用户体验，比如利用微博、微信展开营销。正是因为利用互联网思维模式做网店，所以三只松鼠能够仅仅用65天的时间就在天猫商城做到网络坚果销售第一；2012年"双十一"创造了日销售766万元的奇迹，名列中国电商食品类第一名；2013年的坚果销售额超3亿元。

雕爷牛腩、Roseonly花店、三只松鼠只是依靠互联网思维开店赚大钱的代表，还有很多的店铺都依靠互联网思维撬动了滚滚财源。在互联网思维甚嚣尘上的时代，店主们都在寻找可以开店赚大钱的秘密，而这个秘密就渗透在以互联网思维打造店铺的方方面面。互联网时代开一家赚钱的店铺主要体现在两个方面，一是店铺自身的打造，二是做好店铺营销。

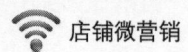

店铺自身的打造包括产品、服务、顾客等众多方面，互联网时代在这些方面都要体现出互联网的特性。要开一家赚钱的店，就要做到产品为王，做到以产品经理的思维来打造自己店铺的产品，同时要做到产品的快速迭代；用互联网思维来打造店铺，就要做到时刻用户体验至上，在产品以及服务方面为顾客提供良好的体验；用互联网思维打造自己的店铺，就要懂得用互联网思维去吸引顾客，培养店铺的粉丝，以有趣好玩打动顾客；要打造一家赚钱的店，就要注重客流量，获得客流量的前提是选址出色，并运用合适的策略来增加客流量；要开一家赚钱的店就要充分利用极致思维，产品要简约到极致，店铺设计要做减法。

开一家赚钱的店，就要以互联网思维做营销。在移动互联网时代，微博、微信等自媒体营销工具涌现，并成长为最重要的营销利器。店铺要充分利用微博、微信、APP、大数据对店铺展开营销，以提升店铺的影响力，在大多数商家都在走O2O模式道路的时候，店铺也要积极走上O2O道路，通过打通线上、线下来经营店铺，从而实现盈利。

以上就是依靠互联网思维开店的主要方式，而本书就是这些开店方式的全面展现。本书分别从店铺经营思维、营销战略、开店实战3个方面展开论述，并且每一个板块都详细叙述了应该以何种方式来打造产品、经营店铺、展开营销。本书堪称是互联网思维开店的第一宝典，读者通过阅读本书，能够掌握在互联网时代开一家赚钱店铺的秘诀。本书内容丰富、全面，在充足的理论知识中融入了大量当下鲜活、典型的案例，并对案例进行了解读，让读者可以在轻松阅读的同时掌握最前沿的开店技巧。同时，本书第三部分还根据不同行业，通过对雕爷牛腩、Roseonly花店、优衣库、星巴克、三只松鼠的详细阐述，来告诉读者如何经营一家赚钱的餐馆、花店、服装店、咖啡店、网店。

本书是依照互联网思维来开店的百科全书，具有实用性强的特点，能够拿来即用，用即见效，读者通过阅读本书，能够充分掌握互联网时代开店的技巧，并依靠这些技巧成功撬动滚滚财源。

目 录

第一篇

互联网时代店铺经营思维

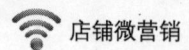

第一章 开店要赚钱，产品是关键

 开店要注重"产品为王"

对于传统行业来说，越来越多的人高呼"渠道为王"，在"渠道为王"理念的指引下，越来越多的企业毅然决然地把自己大部分的精力与才智放到了渠道上，而忽视了自己的产品或服务这个最根本的东西。而很多店铺也在这种理念的指引下，开始大肆寻找所谓的渠道，而忽视了和产品本身相关的东西。而事实是，这样做是本末倒置的，对于店铺来说更应该注意的是产品（包括有形的实物或无形的服务）本身，这样才能让店铺更受顾客的欢迎。

在如今的市场经济环境之下，我们丝毫不否认一个事实，那就是，产品非常好，却并不能保证其市场就一定做得好。不过，这里需要注意的是，差的产品一定不会为店铺带来成功，虽然一些差的产品在一定阶段赚了一些钱，但是长久这样下去对店铺的发展不利。

既然"产品为王"那么重要，为什么还有那么多的店铺把核心放在抢夺渠道资源上呢？因为在很多店主看来，"得渠道者得天下"，一个方面是因为中国流通体系不够发达和终端成本昂贵，使得店铺很难直接面对终端用户，必须借助渠道的力量来完成最后的产品交付。在这种原因的驱使下，很多店主开始在渠道上疲于奔命。但是，随着互联网的日益普及，信息不对称逐渐消除，以及电子商务逐渐渗透进居民消费的方方面面，使得店铺得以直接面对最终消费者，渠道变得异常扁平。而在这种条件下，店铺需要回到产品本身上来，以此来迎合和吸引消费者。

注重"产品为王"是由互联网时代的特点决定的，特别是在移动互联网到来之后，这种"产品为王"的理念体现得更为明显。关于这一点，腾讯CEO马化腾给出了精彩的描述："我觉得这样的一个模式其实是一种新的形态，但是我们也要看到对产品的要求和质量越来越高，因为用户安装了这个APP，很有可能用5秒到10秒钟才弄懂，觉得不好用就抛弃了。但是一分钟之内觉得好用，对他的生活和工作等方面觉得很有价值，他会转而告诉身边的朋友，甚至通过移动终端把它发布出去，瞬间可能在APP Store的排名上升，继而引发更多的下载。"马化腾的话告诉现代的店主，在这个时代更应该注重的是产品本身，而不是所谓的渠道。

所以，对于店主来说，要想把店铺做强做大，就要注重产品本身，也就是说要从产品实物与服务上下功夫。

首先是产品实物本身，也就是所谓的产品质量。实质上消费者去店铺消费，消费的主要目的是买到高质量的产品，所以产品质量的高低将直接决定消费者的喜欢程度。而店主要做的就是想法提高自己产品的质量，让产品自身来说话，以达到吸引越来越多消费者的目的。

其次要在服务上下功夫。除了产品质量本身外，服务对于店铺的发展也是非常重要的。消费者进店铺除了购买产品外，还是在购买一种服务，

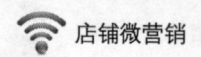

良好的服务会让消费者身心愉悦，这种让消费者身心愉悦的服务会促进成交，增加消费者黏度与忠诚度，这对店铺的发展无疑是非常重要的。

所以，互联网时代店铺更应该注意的是产品本身，这也是店主做强做大自己店铺的重要手段，不要说店铺"产品为王"的时代已经过去，这种理念在任何时代都不会过时，当店主注重自身产品的打造时，店铺也就有了正确的发展方向。

【经典案例解读】

新百伦：始终坚持以产品为王

新百伦（New Balance），这家企业是1906年在威廉·J·莱利在美国马拉松之城波士顿成立的，现已成为众多成功企业家和政治领袖爱用的品牌，在美国及许多国家被誉为"总统慢跑鞋""慢跑鞋之王"。虽然新百伦在美国备受政商名流追捧，但是在进入中国市场时遭遇了滑铁卢。20世纪90年代"总统鞋"在中国变成了街头鞋，随后业绩一落千丈。即使2003年以新百伦新名字重回中国市场，并正式成立中国分公司，新百伦依旧在市场边缘徘徊，非但难以与耐克、阿迪达斯等世界知名运动品牌相比肩，甚至也很难赶得上李宁、安踏等国产运动品牌。

为了改变自身在中国的境况，新百伦做出了很大改变，随后在中国刮起了一阵销售狂潮。新百伦在中国的成长，得益于店铺全面洗牌，而更重要的是在商品策略上做出了巨大调整，而最重要的一个体现是在洗牌的过程中做到了"产品为王"，甚至可以说新百伦在"产品为王"上做到了极致。

消费者可以看到，在北京东方新天地一楼展厅里一块几平方米的手工制作区摆着烘干机、切割机以及猪皮等设备材料，来自美国本地的工匠演示着新百伦运动鞋的制作方法。负责这项工作的工匠很多工作时间都超过10年。在这个工作区，新百伦向消费者展示的是美国制造的精神。除此之外，还有人向消费者介绍新百伦独一无二的美国手工艺，甚至新百伦的总裁罗伯·马蒂尼也从事过这样的工作。新百伦确实是纯手工定制鞋，正是因为他们像打造一件奢侈品那样雕琢一双鞋，也因而获得舒适、耐穿的口碑。

新百伦像打造一件奢侈品那样雕琢一双鞋确实没有夸张，他们请的都是有丰富工作经验的师傅，有的老师傅摸料就摸了40年，拿到一张牛皮他们就能指出哪里是好的部分，哪个部分不适合做鞋。对于传统经典鞋款来说，之所以能够受到追捧，是因为它们的制作大约有上百道工序，而新百伦也始终坚持这种手工制造传统。经过不断发展，新百伦开始在科技感上下功夫，990系列的出现就是最好的体现。这款跑鞋更轻便，而鞋身强化流线型设计，令新百伦比过往更年轻时尚。同时，这款跑鞋还在鞋中底部分加载碳纤维板，这样做就会使鞋跑起来更加稳定。更为先进的是，这款跑鞋融合了增强承托能力与稳定性的升级版ENCAP中底和极高抗磨性的Ndurance大底，这些都使得这款跑鞋穿起来更加舒适。

以上是新百伦在产品方面做出的努力，这种努力体现的就是始终坚持"产品为王"，正是坚持做到了"产品为王"，所以新百伦能够最终赢得中国市场。

【案例解读】

新百伦实质上就是一个大的鞋店，而它的成功告诉店铺经营者，任何时候要想打开市场，都要在自己的产品上下功夫。对于店铺来说，最重要的是做好产品本身，同时要做好自身的服务，唯有用产品与服务来吸引消费者，才能最终打动消费者。

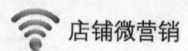

 ## 质量决定店铺未来

互联网时代信息传播的便利性，为许多店铺经营者提供了更为便利的推广渠道，所以越来越多的店铺经营者开始在推广上下功夫，他们甚至认为开店卖的是推广，再好的产品不推销出去，店铺也是不可能经营成功的。所以，在互联网时代，越来越多的店主把推广当作重中之重，甚至是店铺经营的全部。推广固然重要，但是如果把所有的精力都放在推广上，那么，对于店铺发展来说是非常不利的。

开店卖的应该是质量，是产品就一定要有过硬的产品质量来打入市场，如此，店铺才会有生意，才会有回头客，才能长久健康地发展下去。俗话说得好："酒香不怕巷子深。"只要质量上把得住，推广才能真正起到实效。产品质量是店铺在市场中立足的根本和发展的保证。产品质量的优劣决定产品的生命，乃至店铺的发展命运。因此，对于店铺经营者来说，质量是硬道理，任何时候都要做到以质取胜。

不管是开何种店铺，都要做到以质取胜。开饭店需要注重菜品质量，没有高质量的菜品就不可能吸引食客，如今的食品安全问题日益严重，口水肉、变质肉类等已引起消费者更多的关注，如果不注重菜品的质量，就会给饭店带来毁灭性的打击；开服装店要注重服装的质量，高质量的服装才能吸引越来越多的消费者；开化妆品店更要注重产品质量，现在市场上假货横行，鱼龙混杂，如果购进化妆品时没有严格考察化妆品公司所拥有的合法证件、手续、产品质量的相关证明，就会给自己造成难以承受的损失，唯有在保障消费者权益的同时，才能保证化妆品店的利益；开饮品店也要注重产品质量，虽说果汁是永不败落的朝阳产业，但很多果汁饮料还是因为不注重产品质量而昙花一现，很快就消失了，等等。不管是任何店铺，都要在产品质量上下功夫。

互联网时代，实体店与虚拟店层出不穷，特别是淘宝的出现，让越来越多的人可以开自己的店。但是，要想在如此多的店铺中脱颖而出，并不是一件简单的事情，而要想真正做到脱颖而出，店主就要在产品质量上下功夫，以高质量来赢得消费者的喜欢。而对于店主来说，要想做好产品质量，就要从以下两个方面入手：

首先，作为店主要有质量意识。

对于店铺店主来说，要有强烈的产品质量意识，要始终明白质量是企业的生命，质量意识是企业生命的灵魂，要始终把产品质量放在第一位。而要把握好产品质量，就要高度重视员工的作用，增强员工的质量意识，充分调动员工的积极性和创造性，最大限度地保证产品质量、工作质量。

其次，追求品质要把把握细节当成重点。

追求完美品质，必须从小事做起，做好细节。注意抓好细节，精益求精保证质量才能让产品在竞争中取胜。质量是靠细节体现的，这其中就包括实实在在的质量本身，然后就是包装方面，唯有全方位地进行质量上的把关，才能最终提升产品的质量。也就是说，追求完美品质，把握细节是提高质量的重点。

再次，要把握好进货渠道，在源头做好质量控制。

对于很多店铺来说，最重要的是货源问题，开店的目的虽然是盈利，但是不能为了盈利而盈利，要让货源有最好的质量保证。坚决不能为了盈利而进假冒伪劣产品，所以，要保证进货的商家都是正规的，不能盲目选择一些小的厂家。

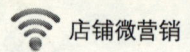

【经典案例解读】

7-11: 质量成就便利店标杆企业

7-11是日本零售业巨头，在全球的店铺数量位列便利店行业品牌第一，是便利店的领军企业。而7-11在中国之所以能够取得飞速的发展，是因为7-11始终做到注重商品的质量。

7-11之所以能够做好产品质量，最重要的原因是有出色的供应链系统，正如7-11社长井阪隆一所说："7-11既有终端门店又有专有工厂和配送体系，其优势在于有效整合供应链系统。"事实正是这样，7-11商品的生产、运输和销售是三位一体的，正是做到了对这3个环节供应链系统的有效整合，才最终促进了7-11的发展。关于在产品质量上的促进，井阪隆一给出了详细的描述："7-11专有工厂引进了日本的生产线和管理方式，不仅保留了原汁原味的日本味道，还保证了食品的安全和品质；在物流配送上，根据商品的性质，我们有冷藏、冷冻和常温3种方式，保障了食品的新鲜和安全；店铺销售的重要性自然不必多说，通过及时反馈销售情况来调整商品种类，尽可能地提高店铺利润。"

这种供应链体系极大地促进了7-11商品的质量，也正是这种在商品质量上的关注，最终成就了7-11。除此之外，在本土化经营上，7-11更是做到了在迎合本土化追求的过程中保证商品的质量。"炒菜"和"好炖"就是两个典型的商品，关于如何做，7-11社长井阪隆一同样给出了解说："中国人喜爱新鲜烹制的食品，那么在店内做出美味的即食食品是我们必须要做的事情。对此我们首先开发了炒菜，菜品在专用工厂初加工后进行简易包装，然后送到店内烹制和调味。"从中我们不难看出7-11在炒菜质量上的重视。而"好炖"更是如此，7-11把丰富的食材放在美味浓郁的汤里，并且"好炖"是在干净的店内进行制作，安全和卫生也会成为吸引人的特质。事实证明，这两种商品在中国是非常受欢迎的，而它们也成为7-11的热卖商品。

7-11的确是便利店中的典范，它能够迎合客人的需求开发商品和提供服务。在日本，7-11单店平均约有2 900种商品，每周约有100种商品更替，以客人需求度相同的季节性商品为主打商品。虽然有这么多的产品，但是7-11不敢在质量上有丝毫马虎，这也是7-11能够取得成功的重要原因所在。

【案例解读】

7-11的成功源于对质量的极致追求，这也告诉店铺经营者，要始终把产品质量放在第一位。质量是店铺之本，质量是店铺的生命。只有把产品质量放在经营店铺的第一位，一丝不苟，精益求精，始终为消费者提供高质量的产品，才能在激烈的竞争中立于不败之地。

 赋予店铺品牌人格化

互联网时代是粉丝经济时代，而粉丝经济要求店铺经营者把自己的产品人格化。这里有一个事实是，消费者购买你的产品与服务绝大部分不是因为便宜，而是有很多情感上的因素。现代店铺单纯依靠价格优势，不管是店铺还是产品，已经很难正常生存下去。这就是说店铺产品与人一样，需要有体温，有情感，一切都要被导入人格化特质，唯有如此才会在跟市场沟通的过程中更具有契合点。

人格是个体的行为，包括对于物品的选择具有确定性和一致性，这

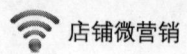

种一致性驱使消费者有意或无意选择具有相应特征的物品。例如外向活泼的女孩会偏爱颜色鲜艳、新颖独特的服饰；而内向文静的女孩往往选择颜色素雅、端庄雅致的服饰。个性决定着人的消费选择，人们会用特定的用品、个性化的环境空间来显示个人的特质。而精明的店铺经营者会有意识地赋予自己的产品以相应的人格特征，使这些产品在参与市场竞争时以差异化以及情感因素取胜。

现实生活中，我们可以看到很多被赋予人格化的产品，如娃哈哈的"小陈陈"、维力食品推出的"张君雅小妹妹"系列零食，再比如化妆品行业中的真皙"7日心情手霜"、韩小束韩小后等。这些被赋予人格化的产品深受消费者的喜欢，成为消费者热捧的商业品牌。这些产品的成功告诉店铺经营者，人有人格，产品亦可有品格。如果把品牌的建立赋予人的情感、人的个性，而当把个性的概念运用于产品的开发、传播及持续塑造上，就会形成品牌人格。店铺的产品一旦具有人格化特征，就能在消费者心中留下良好的印象，从而促进产品的销售。

店铺经营者要时刻注意把自己的产品赋予人格化，而赋予人格化的方式常常有以下3种：

首先，品牌吉祥物要人格化。

而这方面所谓的产品人格化就是产品品牌的造型，正如余明阳博士在《品牌学》中指出：品牌造型是指品牌选择或提炼某一人物、动物或植物的个性特点或某一性质，并以夸张的手法创造出具有人的性格的品牌新形象；这种具体可见的形象可直接表现出商品的属性、经营观念和产品特性，又被称为"吉祥物"。这种产品的品牌造型可以使企业在公众心目中具有亲切感和随和感，如我们经常可以看到的"麦当劳"叔叔、憨态可掬的"康师傅"、聪明活泼的"海尔兄弟"等。这种极具人格化的产品能在消费者心中留下良好的印象，从而促进消费。

其次，产品品牌故事要神奇化。

　　每个店铺都应该为自己的产品赋予品牌故事，这主要是因为品牌故事符合人类潜意识的要求。没有人不喜欢故事，消费者更是对有故事的品牌充满兴趣，特别是神奇化的品牌故事。因为品牌故事神奇化满足了消费者的猎奇心理，使人们对品牌通过了解产品神奇的品牌故事而留下深刻的印象和关注。比如日化品牌露华浓，1996年，Revlon进入中国的中文名字"露华浓"，出自李白名句"云想衣裳花想容，春风拂槛露华浓"。这就为其品牌塑造了一个中国式的传奇化来源，使得中国人对国际品牌Revlon充满了好感，最终也让Revlon很快占领了中国高端化妆品市场。

　　再次，产品品牌性格要个性化。

　　品牌如同人一样，拥有性格特征。有关品牌个性方面的研究已经证明其对消费者自我表达、消费者行为和品牌忠诚度所具有的影响力。个性化的快销时代，随着互联网文化的日益流行，具有长远战略眼光的店主越来越重视产品品牌个性的塑造，品牌逐渐被赋予越来越多的价值文化和丰富内涵，文化塑造和丰富的内涵一旦被消费者喜欢和欣赏，就能被消费者所接纳和选择，并增加消费黏性。

【经典案例解读】
褚橙：把"褚橙"卖成"励志橙"

　　互联网时代的到来，不仅颠覆了人们买卖商品的模式，更是改变了商家的营销手段，而在这个时代，出售的不仅仅是产品，更是一种情感，一种人格化的产品，在这方面"褚橙"变身"励志橙"就是其中杰出的代表。曾经的烟草大王褚时健，如今跨界农业种起了橙子。在多数人看来，这只是一个故事，然而它最终变成了一个传奇。而把"褚橙"变身"励志

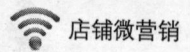

橙"，也是"褚橙"最高能卖到15元一斤的重要原因。

2001年，褚时健开始在哀牢山种橙子。这一年，褚时健承包了2 400亩荒山，这一年，褚时健已经是一个75岁的老人，而橙子挂果要6年，但是他毅然坚持要做下去。6年后，第一批褚橙挂果，口感偏酸，并不好吃。褚时健并没有着急销售，而是四处寻找让橙子好吃的办法。终于，两年后，褚橙风靡昆明的大街小巷，一时成为人们津津乐道的传奇。此后，褚时健开始尝试网上销售，与本来生活网等电商平台合作，开拓北京市场，并最终取得了非常好的成绩。2013年10月27日第一篇报道《褚橙进京》面世，这篇写了85岁褚时健种植褚橙、嫁接电商等方面内容的报道，在官方微博上被转发7 000多次。而其中王石"衡量一个人的成功标志，不是看他登到顶峰的高度，而是看他跌到低谷的反弹力"的转发又再次引起近4 000次转发。这次微博转发取得了非常好的效果，2013年11月5日凌晨本来生活正式发售褚橙，仅用5分钟的时间800箱被抢购一空，当天共卖出1 500箱。

2013年11月12日，QQ弹窗忽然弹出了"励志橙"的消息，一时间引起消费者浓厚的兴趣。本来生活的网站流量大大增加，当天增加3车褚橙都没有满足销售。也是在这一天，"励志橙"成为褚橙的卖点，本来生活销售的褚橙单日订单量过了1 000单。为什么大家都这么喜欢褚橙？大家纷纷在微博上表示说吃褚老的橙子很励志，更有"这哪是吃橙，是品人生"，"品褚橙，任平生"等话语不断从消费者口中说出来。褚橙之热不仅仅体现在微博上，在一些媒体年会、公司活动、企业家俱乐部中都能看到褚橙的身影。

此时的褚橙正像消费者所说的那样，它已经不单单是橙子，而是励志的象征，这种情感因素的融入获得了消费者的认同与好感，促进了褚橙的销售。2014年，褚橙更是把这种人格化的特征淋漓尽致地表现出来。比如包装上的文案设计："母后，记得留一颗给阿玛""2014，再不努力就胖了""微橙给小主请安""剥好皮、等我回家""谢谢你，让我站着把钱挣了"……个性化的包装箱上，大部分话语来自互联网，幽默又不失温馨。这些箱子一经推出就很快售完。

【案例解读】

电商时代，褚橙的销售是非常成功的，它的成功源于产品的人格化，把褚橙卖成"励志橙"是褚橙得以成功的重要原因。这就告诉店铺经营者，要善于赋予自己的产品人格化，人格化的产品能给消费者留下美好的印象，甚至是引起情感上的共鸣，这无疑能够促进产品的销售。

 # 以产品经理思维做产品

随着互联网行业火爆发展，产品经理职位日渐耳熟能详。而具备产品经理思维，则是做强做大企业最重要的思维模式。同时，这种产品经理思维不仅仅体现在互联网行业中，更体现在店铺的经营过程中。

既然产品经理思维那么重要，那么究竟什么是产品经理思维呢？所谓的产品经理思维首先是对产品的热情。也就是说，产品经理要在产品上线后积极去体验。在体验产品的过程中去寻找产品需要改进的地方；其次，要始终把用户需求放在第一位，用户需求是产品的出发点，每个产品的背后都是需求的集合体。透过产品看用户需求，时时刻刻看需求，是一种基本的产品素质；再次，要有创新力，虽然许多产品都是在模仿中找灵感，但更多的是需要自身的创新力，这样才能不断促进产品的发展与革新，最终打造适应市场发展的产品。

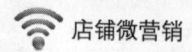

　　以上就是互联网时代典型的产品经理思维模式，在日益注重用户体验的互联网时代，产品经理思维表现得非常重要。产品经理是企业守门员、品牌塑造者，更是营销骨干。一个好的产品经理不但能引导产品的发展，更能为企业的发展指明方向，甚至可以说真正成功的产品经理往往能成就一个企业。

　　产品经理思维的功用不仅在互联网行业中体现得非常重要，在开店的过程中也是非常重要的，也就是说每一个店主都要把自己当成最大的产品经理，以此来感知店铺内的产品需要如何改进，如何去迎合消费者的需求。只要店主真心以产品经理的眼光与执行力去发现产品存在的问题与用户需求，专注产品和服务，不断优化提升用户体验，并以互联网营销的方式去进行产品传播，就能在很大程度上获得成功。

　　对于店铺经营者来说，最重要的是销售自己的产品，而要想成功销售自己的产品，最重要的是自己店铺的产品要能给消费者带来非常棒的使用体验，而在不断改造和完善产品的过程中，产品经理思维发挥着重要的作用，因为它能让店主充分考虑消费者的需求，并不断对产品做出创新性改造，使其最大限度为消费者带来绝佳的使用体验。

　　既然产品经理思维对店铺的发展这么重要，那么，店主应该如何锻炼产品经理思维呢？

　　首先，身为店主应该研究产品，了解市场，并能准确把握市场需求和用户心理，这样才能宏观掌控店铺经营的产品。在这个过程中，店主要做的事情有许多，比如产品的开发、测试、运营、市场等多个环节，而在这个过程中，店主还要做的一件事情是增强自身的调研、沟通能力，唯有如此才能打造满足消费者需求的产品。

　　其次，店主还要具备关注细节的能力。很多店铺经营者往往会在推广等大方向上做努力，总是会想着做大事，做大产品，但是对产品方面的很多小细节总是提不起兴趣,比如产品包装上的一个小细节。然而,正是这些细节方面的东西能给消费者带来出色的使用体验,并最终促进产品的销售。

再次,要时刻保持产品经理的心态。从心态角度来看,有两种店铺经营者绝对做不了产品经理。一种是自以为是、独断专行的人,这种人很难听取别人的意见,也不懂得与人沟通;另外一种是犹豫不决、优柔寡断的人,这种人在关键问题上把握不住时机,无法很快地将产品向前推进。而要做好店主,就要杜绝这两种心态,而以积极的心态来经营自己的产品。

再次,店主要拥有强烈的媒体意识。一个好的店主要像产品经理那样,善于发掘并创造出具有强大媒体属性的产品。具体来说,店主要善于挖掘推广产品的媒体,因为媒体对于产品的推广发挥着重要的作用。所以,强烈的媒体意识是一个互联网思维的产品经理必须具备的重要素质。

【经典案例解读】

黄记煌:年入20亿的秘诀

黄记煌作为餐饮店于2004年起步,在不到10年的时间里,完成了200多家直营店和200多家加盟店的布局,整个体系的年收入达20多亿元,成为这个细分品类的绝对王者。黄记煌做餐饮缘何能年入20亿?很大一部分原因是黄记煌创始人黄耕依照产品经理思维来经营自己的餐厅。

黄记煌的成功在于黄耕将一道祖传御膳名肴经过创新,独创品牌"黄记煌三汁焖锅"。而"黄记煌三汁焖锅"之所以如此受食客们的喜欢,关键在于黄记煌将所有的步骤标准化。对于传统的中餐而言,厨师水平的高低决定了菜品味道的好坏,而且这个问题是很难解决的,这也是餐饮中产品经理的困惑。其实在2004年正式做黄记煌之前,黄耕已经开了好几家别

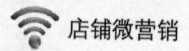

的类型的餐饮店。在经营餐饮店的过程中黄耕发现，当店里厨师水平好的时候，生意就好；有的店厨师手艺不好，生意就不好。这让黄耕十分苦恼。黄耕深知培养一个好的厨师十分困难，更要命的是，当把一个厨师培养出来的时候，极容易流失。黄耕体会到，传统中餐最大制约因素是厨师。然而，黄耕最终以产品经理思维解决了这个问题，他对菜品进行了创新改造，直接研究出焖锅吃法，在这种吃法下，餐馆不再需要厨师，只需要把所有材料按照步骤，放在特制的锅里就可以了。

黄耕始终以产品经理的思维来经营自己的餐厅，他在经营一家有着15年历史的老店时，发现油烟对居民影响非常大，居民投诉率很高，同时会对食客的身体健康造成一定的影响；同时黄耕深谙很多传统火锅，为了保证味道的正宗，会把老油回收之后再利用；除此之外，中餐还存在油性过大等问题。在认识到这些问题后，黄耕决计做出改变，他想到的是把药膳和饭馆结合起来，最终发明了"黄记煌三汁焖锅"，并且他还对这种"焖"的方法进行了创新性改造，所有的食材基本10分钟左右可以"焖"熟。而这种创新性的"焖"就是不加水焖制，大大缩短了焖制的时间。同时，经过不加水的"焖"，串味的问题得到了妥善解决。

菜品最重要的是口味，唯有味道好才能让食客们喜欢，而对于焖锅来说最重要的是调料。为了获得独特的味道好的调料，黄耕下了一番功夫，最终获得了成功，正如他自己所说："我们的调料也经过了一个繁复的过程，当时我为了调制出一种独特的味道，把所有味道反复地组合，才得出最好的一个点，而正是这种调配比让我形成一种独特的方法。"

通过各个方面的努力，黄耕最终成功研制出"黄记煌三汁焖锅"。这个焖锅没油烟，不用煎炒，根本不需要厨师，并且复制非常简单。研究出这道菜后，黄耕开始在店里试卖，取得了不错的效果，于是他决定单独靠这道菜来开一家店。这个在他人看来有点天方夜谭的做法最终取得了成功，也成就了年入20亿的餐饮神话。

【案例解读】

黄记煌的成功得益于黄耕始终以产品经理思维来经营自己的餐厅，这也告诉店铺经营者，要想经营好自己的店铺，就要始终以产品经理思维来打造自己的产品，不断对产品做出改变与创新，最终打造出适合消费者需求的产品，最终促进成交以及店铺的发展。

快速迭代以迎合消费者需求

互联网时代讲究的就是一个"快"字，任何时候都要把这个"快"字体现出来，而这个"快"字最重要的体现是快速迭代，而"快速迭代"的做法主要是由互联网时代的特性决定的。在以往，传统企业最常做的事情是首先对产品不断完善，等到产品完美了再投向市场。但是，在互联网时代，这种产品打造的方式是不行的，互联网产品讲究的是快速迭代，所谓的快速迭代就是要尽快把产品投向市场，然后通过用户的广泛参与，不断修改产品，通过这种产品快速迭代的方式来让产品更加完美。

为什么互联网时代要以快速迭代的方式来打造产品？因为互联网时代产品的打造不是一朝一夕就可以完成的。只有在用户使用的过程中不断完善，不断开发、更新产品，才能受到用户的喜欢，才能留住用户。同时，通过产品快速迭代的方式能够挖掘潜在用户，让一些原本关注但不经常使用的用户得以关注。而这种互联网产品打造的方式可以被借用到店铺的经营中来，也就是说，店铺经营的产品也要做到快速迭代，能够不断更新自

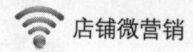

己的产品，唯有如此才能迎合消费者的需求。

　　对于开店来说，最重要的是销售自己的产品，而要达到这样的目的，关键是做到不断刺激消费者的购买欲，产品的不断更新换代能够最大限度刺激消费者的沟买欲望。对于店家来说，最重要的是保持自身的活跃性，活跃性的体现是不断推出新的产品，以此来满足用户的需求。一成不变的产品销售是很难吸引消费者的，或者说很难激起消费者的购买兴趣，因为一成不变的产品会给人带来视觉疲劳。而唯有不断上线新产品，才能给消费者带来新奇的感觉，并最大限度刺激他们的购买欲望。同时，对于店铺来说，也要不断进行快速迭代，产品是需要不断改进的，唯有不断改进才能满足消费者不断增长的需求，出售产品才成为一种可能。

　　在现代这个任何事情都讲究快的时代，店主也要在产品的快速迭代上下功夫，而要做到这一点，店主需要从以下两个方面努力：

　　首先，要做好市场调研。店主要上新的产品，最重要的是这种产品要符合市场需求，符合消费者的消费需求，而不是盲目求新求多。唯有做到这一点，才能推出适销对路的店铺产品，最终促进销售，促进店铺的发展。

　　其次，要在创新上下功夫。对于店铺产品来说，快速迭代要做到创新，并且这种创新必须是细节上的创新，通过不断细小的创新上的改变，最终使产品得以完善。实质上，快速迭代就是一个不断创新的过程，创新带来的效果就是让更多刺激消费者购买欲望的产品被推出来，最终促成销售。

【经典案例解读】

来伊份：对不受欢迎的产品快速迭代

来伊份成立于1999年，公司主营业务为休闲食品经营，产品覆盖炒货、蜜饯、肉制品等九大系列，达到700多种。目前已拥有连锁直营专卖店超过2 500家，并获得"上海市著名商标""上海名牌产品""2010上海世博会特许产品零售商"等多项荣誉。

1999年，郁瑞芬在上海的四川北路商业街租下一间小店，这就是来伊份的前身，在做这家炒货店时她并没有想到，来伊份在之后的十多年里能够取得如此快速的成长。来伊份不但在上海、江苏、浙江、山东、湖北等区域拥有2 500多家连锁直营专卖店，而且销售的产品也从最初的饮料和炒货拓展到现在的炒货、蜜饯、鱼制类和肉制品等诸多品种。来伊份的发展速度无疑是飞速的，因为仅仅用了10年的时间来伊份的门店数已经超过2 000家，这样的速度甚至是连锁业巨头麦当劳也无法完成的。在博盖咨询总经理高剑锋看来，这得益于来伊份创新的商业模式以及标准化的经营理念。但在郁瑞芬眼中，这与连锁业共同遭遇的两次危机紧密相关。

来伊份的飞速发展除了得益于独特的经营理念外，还得益于郁瑞芬对产品的不断快速迭代。由于来伊份成立之初是一家炒货店，作为炒货行业有旺季淡季之分。一般来说，春节期间，瓜子等炒货卖得很好，然而一旦到了夏天，瓜子之类的炒货就进入了淡季，销路不好。郁瑞芬开始思考、分析吃瓜子的客户夏天吃什么，最终确定了在夏季转而售卖蜜饯等产品。为了让产品受到消费者的喜欢，郁瑞芬当时的主要工作是，到世界各地品尝小吃，采购小吃，然后由代工厂生产出同样口味的小吃，发往各门店销售，而对于那些不受欢迎的产品则选择快速迭代。

依靠这种快速迭代的方式，来伊份迅速淘汰了销量不好，不受消费者

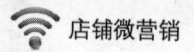

喜欢的炒货产品，最终形成了最受消费者喜欢的产品销售体系，正是依靠这种体系，来伊份实现了快速扩张，最终实现了2 500多家连锁直营专卖店的规模经营。

【案例解读】

来伊份的成功得益于不断对产品进行快速迭代，这给店铺经营者的启示就是在经营自己店铺产品的过程中要不断对产品进行快速迭代，根据销售数据来迅速淘汰那些不受消费者喜欢的产品，并迅速推出销量好，深受消费者喜欢的新产品。

 开店如何选择适销对路的产品

互联网时代，不管是在网上开店，还是开实体店。要想获得较大的盈利，就要选择适销对路的产品，否则是很难盈利的。当今市场上，比较多的店铺类型有服装服饰、化妆品、珠宝饰品、手机、家居饰品等。虽说这类产品的经营量大，但是竞争是非常激烈的，利润也不大，开一家赚钱的店，就要做有市场差异，并且有市场潜力的的产品。

寻找这些产品的方式可以是做市场调研，也可以是通过网上调查，通过调研可以发现水晶、纯银项链、彩屏手机、床上用品、牛仔裤、贴布工艺等具有较大的市场潜力。创业者可以从这些方面考虑来开店。考虑好方向后，就是进货的问题，有没有好的货源直接决定着店铺能否盈利，甚至决定着店铺的生死。那么，店铺应该如何选择适销对路，又价格低廉的货源呢？

一、选择外贸产品。外贸产品因其质量、款式、面料、价格等优势，一直受到消费者的喜欢。选择外贸产品并不是说要选择直接从国外进口，那样的花费就比较大，店铺可以选择许多工厂在加工外贸产品时的一些处理的剩余产品，这类外贸产品的价格通常十分低廉，通常为正常价格的2—4折。

　　二、批发市场进货。这是最常见的进货渠道，如果你的小店是经营服装，那么你可以去周围一些大型的服装批发市场进货；工艺品之类的也可以寻找大型的批发市场。每个城市大大小小的批发市场都不少，想好进货种类后，可以选择几家综合指数靠前的批发市场开始调研。比较各批发商的价格、质量、最少拿货数量、退换货、包装、补货的方便程度等等。这一切都做好后，可以选择性价比较高的批发商进货。

　　三、寻找刚刚起步的批发商。对于刚刚起步的批发商来说，由于没有固定的批发客户，没有知名度。所以为了能够获得较多的用户，他们的价格一般不会太高。除此之外，与这些批发商在谈论价格和换货等问题时会容易很多。还有就是，为了保证有充足的回头客，这些批发商的售后服务一般比较好，如此就能成功处理在交易后产生的问题。

　　四、买入品牌积压库存产品。有些品牌商品的库存积压很多，一些商家干脆把库存全部卖给专职网络销售卖家。因为急于处理，这类商品的价格通常是极低的，如果店铺经营者有足够的砍价能力，就可以拿这些库存挤压的产品全部买下来，如此，就一定能获得丰厚的利润。

　　五、去和阿里巴巴上的企业建立分销关系。现在阿里巴巴上的好多企业都建立了自己的分销系统，有专人为网店和商城发货，一件代发货很方便的，而且，开店者还不用投资，开店者需要做的是直接拿到厂家提供的资料，并且将其上传到自己的网店，网上定货后再付款给厂家，发货则有厂家代发。这种方式既不用投资，又能够盈利，是一种比较理想的开

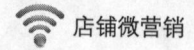

店方式。

六、从厂家直接进货。正规的厂家货源充足，态度较好，并且可以实现滞销换款、换货的目的。但是对于厂家来说，起批量是非常高的，这是不适合小店的。如果自己资金充足，又不怕压货，就可以选择直接从厂家进货。

七、其他进货渠道。如果店铺经营者在深圳珠海这样的地方，可以自己申请一张通行证，去香港、澳门进货。其他地方的店主，如果在香港、澳门、国外有亲戚朋友，则可以让他们帮忙去进国内市场上缺乏的商品，或者是物美价廉的商品。

不管是利用哪种进货渠道，最关键的是要保证自己进到的货物既便宜又好卖，具体做法可以是先进少量的货试卖一下，如果销量好再考虑增大进货量。否则，就很可能会因为商品挤压而导致店铺关门。

第二章　做什么不重要，重要的是用户体验

 ## 打造超出用户预期的产品

互联网时代最重要的是用户体验，甚至可以说是用户体验至上。在用户体验至上的时代，如何去赢得用户的认可，最重要的实际上是如何去创造好的用户体验。而打造良好用户体验其中重要的一点是打造出超出用户预期的产品。在今天浮躁的移动互联网世界里，如果想做成点事，最好静悄悄地低调去做，做出超出用户预期的东西，只有打造超过预期、令用户尖叫的产品才能形成口碑。如果仅仅是做很多广告吹嘘产品，把用户的胃口吊得很高，而产品达不到预期，最后用户一定会失望的。

对于店铺经营者来说，更要为消费者打造超出他们预期的产品，过去很多店主经常说广告、促销甚至渠道非常重要，这主要是因为信息不对称。在互联网飞速发展的今天，消费者只有真正从产品中感受到店主为其提供的这种价值，才能促进店铺产品口碑的形成。然而，这种超出用户预

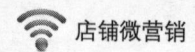

期并不一定是去做昂贵的产品，昂贵的服务，而是从消费者自身出发，让消费者感觉到你能超出他的预期，只有超出消费者预期，才能够让消费者对店铺产品之外形成一种感情上的认同。

而作为店铺来说，要想打造超出消费者预期的产品，就要保持自己店铺产品的高性价比。

大家在购买过程中或多或少都听商家说过，这商品品质好、性价比高。所以，许多顾客都把性价比看成是选购商品的重要指标。所以，大家购买产品时，都会选择性价比高的产品购买。身为店主要想让自己的店铺在竞争中取胜，要想赢得较高的利润，就要为用户打造高性价比产品，没有用户不喜欢质优价廉的产品，产品质量好，价格又便宜对用户有着天然的吸引力。就此，店铺要把高性价比作为竞争的取胜之道。

除了打造高性价比的产品之外，还要在做产品的时候做到真材实料，具体来说就像是同仁堂倡导的那样："炮制虽繁必不敢省人工，品味虽贵必不敢减物力。"这就是我们常说的"真材实料不偷懒"。所以，作为店铺经营者，要做一家真材实料的店铺，并且将此作为立身之本。而店铺要做到这一点，就要把产品打造的每一个细节做到极致，打造出完美的产品以赢得用户的喜欢。

深受消费者喜欢的产品一定是超出用户预期的产品，所以店铺经营者要想打造超出用户预期的产品，就要在以下两个方面做努力：

首先是在产品本身上下功夫。消费者有需求才会购买一件产品，但购买不一定对品牌有信任。所以让消费者在购买之后对店铺产品品牌再次产生信任，就要把握好产品质量。消费者本来只是买了一件产品，但在送到消费者手上时，产品的质量不单非常好，而且超出用户的预期，顿时就会让消费者感到非常惊喜。

其次要在情感上下足功夫。在产品质量好的基础上，如果再加上情感上的关怀，可以让消费者产生信赖感。因为很多时候，用户体验的就是一种情感。很多时候，对于消费者来说购买的不是产品本身，而是这个产品带来的感受。店铺经营者只要在情感上下足功夫，就一定能够让消费者惊喜，有惊喜就是超出预期的体验，有超出预期的体验就能让品牌渗入到消费者的脑里，就能够赢得客户的信任和喜爱。

【经典案例解读】

黄太吉：小煎饼店的大生意诀窍

在北京建外SOHO西区的10号楼，有一家叫黄太吉的煎饼铺，这家店铺不超过20平方米，并且只有16个座位，然而很多人经常在外面排长队。很多人是从朋友、微博、媒体上听说了黄太吉，特意赶过来品尝黄太吉的煎饼果子的。正是这家小小的煎饼铺子卖到了一年500万元，更被风投估价4 000万元。小小煎饼果子能有这么大的成就，可以说是一个传奇，黄太吉的成功缘于能为消费者提供超出预期的产品与服务。

这也是越来越多的消费者喜欢购买黄太吉煎饼的重要原因，最重要的是黄太吉的产品是用心做的。其实单单从味道上来说，黄太吉的味道也不会比其他地方的好吃太多。但是，黄太吉总是能够为消费者提供绝佳的用户体验，而消费者都愿意为超出自己预期的体验埋单。为了让自身的产品和服务超出用户的预期，黄太吉做了很多工作。

比如黄太吉门前不允许停车，但是黄太吉掌门人赫畅贴心地做了个停车攻略。当消费者走进店里的时候，第一样就可以看到收银台上标准的如何停车不会被罚款，停车攻略其中有一条就是把后备箱打开，后来来黄太吉吃煎饼就把车后备箱的屁股翘起来，形成了一道奇特的景观。如果消费者因为停车被罚，黄太吉老板会送上南瓜羹以表安慰。除此之外，黄太

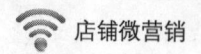

吉还会根据节日的不同推出不同的产品和服务。比如，六一儿童节，会有"超人""蜘蛛侠"给消费者送煎饼，如果顾客戴着红领巾走进店里，还有免费的煎饼果子享用。在光棍节，如果消费者能够先拍照证明自己是光棍，黄太吉的油条就买一送一。黄太吉更超出用户预期的是，刚开始时赫畅用自己的奔驰送外卖，结果发现大家对开着大奔送外卖很感兴趣。老板开豪车送餐一时间引起网上热炒，并且取得了良好的营销效果。

黄太吉每走一步都能超出消费者的预期，正是这种做法促进了黄太吉的成功。考虑到不少人晚上K完歌要吃夜宵，黄太吉将营业时间延迟到凌晨两点，不少KTV是不让外卖送进去的，黄太吉就专门做了外面印着有趣的"出来混要懂得伪装"的黑色袋子。为了不再伪装，黄太吉开始与温莎等KTV的官微互动，最终这些KTV允许黄太吉将煎饼果子送入包厢。

黄太吉的成功在于它不仅仅出售的是好吃的煎饼，而是整个买煎饼的体验，这种体验会让消费者感觉很好玩，可以满足消费者的好奇心，而这些体验是在其他煎饼店不能体会到的。在互联网时代，消费者在意的不单单只是以前的物美价廉，更多的是买商品时的体验，以及情感上的满足。只有打造出超出用户预期的产品和服务，才能让消费者愿意付出比其他商品更高的价格。

【案例解读】

黄太吉的成功缘于打造了超出用户预期的东西，这种东西是消费者心甘情愿为之埋单的。所以，店铺经营者一定要打造出超出消费者预期的产品和服务，要在为消费者提供良好的产品和服务体验上下功夫。

用"情感因素"打造店铺产品

　　在当下各种产品层出不穷的情况下，如果产品仅仅功能上能够满足用户的需求，显然已经不能适应市场的发展，对于消费者来说，能够满足自身功能需求的产品有很多，而要想让他们做出购买的决定，除了满足用户的基本功能需求外，还要为用户提供功能之外的东西，这些功能之外的东西会刺激消费者的购买欲。

　　在互联网时代，很多产品没有采用高性价比的方式，而是通过产品体验设计，赋予产品功能之外的价值。让用户超越功能之外，为产品背后的发生埋单。这种现象是非常容易理解的，女孩子买包包，男人买手表，动辄就是几万元、几十万元。他们买这些东西不仅仅是为了买个装个物品、看个时间的工具，他们购买的更多是产品自身功能之外的东西，这种东西就是一种高贵身份的象征。再比如，如今非常火的汽车特斯拉已经成为企业家买车的首选。越来越多的人买特斯拉并不仅仅是因为它是最好用、最智能的电动汽车，还因为特斯拉代表的是一种社会身份，用户埋单的更多是其背后所表达的社会身份。

　　这也就是说，很多人在购买产品的时候，看重的不仅仅是产品本身的功能，还有功能之外的情感因素。同样是买车代步，为什么很多人不选择自行车、摩托车？同样是汽车，为什么不是QQ，而是Smart、奥迪、奔驰或宝马？这其中就是情感因素在作祟。根据马斯洛的需要层次理论，很多消费者都有"尊重的需要"，也就是说要面子。面子是有中国特色的尊重的表达，尊重包括"自尊""他尊""权力"3个层次。这里的"要面子"，就是要"他尊"，希望获得他人尊重。为了获得他人的尊重，很多

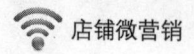

消费者愿意为这种情感因素埋单。再比如，同样是开花店，为什么有的花店的花只能买到十几元一朵，但是有的店铺能卖到上百元一朵？这主要是因为后者在花的身上赋予了一种情感因素，这种情感因素可能表达的是"专属"的、"一生只属于一个人"的情感诉求，事实是更多的消费者喜欢为这种情感因素埋单。

从中我们不难发现，仅仅依靠功能来定义产品是不足的，还有一些不能或不适合用功能来概括的因素左右着人们的需求，在关键时候影响着他们的购买行为，而这些因素常常是注重用户体验的情感需求。这就为开店提供了很好的借鉴，店铺出售的产品，不仅仅需要功能上完美，同时需要为消费者提供功能之外的东西，如果产品在自身功能做到完美的同时能够把情感因素融入进去，最终就能促进产品的销售。

那么，对于店主来说，具体应该为自己的产品融入哪些感情因素呢？

1. 尊重感

现代，消费者越来越强调自我存在感，重视被尊重的感觉。所以，店铺要为消费者打造这种被尊重的感觉，具体来说，就是在消费者进店消费的时候，要用各种方式让消费者感受到被尊重，比如微笑热诚的服务。

2. 温馨感

在越来越忙碌的现代，人们都在寻找一种家的感觉，对于消费者来说同样是如此，为消费者打造一种温馨的家的感觉能够促进消费者消费，这一点在餐饮上体现得最为明显，能给消费者提供一种温馨的家的感觉能更多地留住消费者。

3. 尊贵感

随着人们生活水平的提高，很多消费者买产品，更多是想寻求一种可以标榜自己身份的尊贵感，这一点在奢侈品上体现得最为明显。

4. 独特的情感诉求

任何消费者消费产品都是为了表达一种情感诉求，店主应该帮助消费者完成这种情感诉求，比如玫瑰花是"一生只送一个人"，比如家用生活电器是"送给妈妈的爱"等。

【经典案例解读】

杨小贤甜品：家的情感诉求成就甜品黑马

40多平方米的甜品店，4张桌子，20个座位，新浪微博粉丝量超过15 000人。开店1年零5个月，成功创造超过20家的连锁店。杭州市中心150平方米的超级绵绵冰旗舰店，是中国最高档的绵绵冰店；400平方米的萧山超级旗舰店是中国最大的绵绵冰店，同时在中国也是第一家用升降机来运送冰品的绵绵冰店。这就是超级绵绵冰第一品牌"杨小贤"，一个互联网思维下的甜品黑马。

杨小贤之所以能够这么成功，很大一部分原因是杨小贤一直坚持用互联网思维来卖甜品，而其中最重要的一点是杨小贤冰饮甜品不仅仅是在卖甜品，而是在出售一种家的感觉。而这种家的感觉正是杨小贤能够获得成功的重要决定因素。

刚听到"杨小贤甜品店"这个名字时，很多人都以为"杨小贤"是老板的名字。事实并不是这样的，"杨小贤"是一家人的名字组合，"杨"是自己的姓，"小"是爱人名字中间的"小"，"贤"则是爱子的名字的最后一个字。这种温馨的家人名字的组合，注定这是一家温馨的小店。杨小贤甜品店最初开在厦门莲花，而杨老板开这家小店的初衷是为家人创造幸福的生活。杨老板从小就喜欢制作甜品和甜点，于是就决定开家甜品店。这就是最初的杨小贤甜品店，虽然店面很小，还不足40平方米，但是，杨老板把这个小店布置得非常温馨，不浮夸，不花哨，以鲜明的家庭

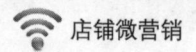

主题吸引着人们的眼球。也正是因为这里非常温馨，充满了爱和关怀，所以走进小店的顾客都能感受到家的温暖。

除了店面的布置给人一种家的感觉外，在甜品本身上也能看出杨小贤家的氛围。杨老板是一个近乎痴迷的甜品制作天才，他在甜品方面的用心和创意，让很多人感到惊奇，比如在大家最喜爱的超级芒果绵绵冰的制作上，为了保证芒果的新鲜，杨老板坚持每一份都手工制作冰砖，如此费事费力的手工制作，会带来很高的制作成本，很多人都不愿意这样去做，但是杨老板乐此不疲，是因为每一道甜品都是老板精心创作，每一道工序都是他亲自操作。他就像一个艺术家珍爱自己的作品一样，认真仔细地创造着每一份甜品，每一份美食。这也是杨小贤甜品之所以口味独特美味的重要原因。

在杨小贤甜品店，清新的果香和浓浓的奶香夹杂着温馨的气息，充斥在店里的每一个角落，让进店的每个人都有舒服的体会。

这就是杨小贤为顾客带来的甜品功能之外的东西，这种功能之外的东西渗透在店内的各个角落。从店内的装潢设计到座椅的摆设，再到呈上桌的甜品，每一处都透出店家的用心，在这里，顾客们听到的、看到的、闻到的都在向顾客传达家的气息，给人一种温馨的感觉。

【案例解读】

互联网时代，最注重的就是用户体验，杨小贤就是依靠这种家的感觉来为顾客打造良好的体验。从杨小贤的身上我们不难发现，对于开店来说，不仅仅要兜售自己的产品，更重要的是兜售产品功能之外的东西，要为消费者提供产品功能之外的东西，这样才能促进店内产品的销售。

 细节上努力吸引顾客

互联网时代，好的用户体验应该从细节开始，并且每一个细节都要能够让用户有所感知。开店也正是如此，在细节上的努力往往能够体现出店主的用心程度，这种用心程度往往能够被消费者感知，甚至可以打动消费者。

开店赚钱的门路很多，如何开店也是很多店主十分关注的话题，而关于细节方面的努力也常常是店主关注的问题。所谓开店的细节包括很多方面，这种细节不仅仅包括产品本身，还包括店内环境设置，更包括在服务细节上做出的努力。

首先，对产品本身细节上的关注。消费者更多时候注重的是产品本身，一个产品是由一万个细节堆积起来的，唯有把这一万个细节做好，才能最终征服消费者。这就是店主要关注产品细节的重要原因。店主要想留住消费者，靠的是什么，靠的是产品，靠的是在产品细节上的打磨，任何在产品细节上的打磨都能被消费者感受到，都能感动消费者。因为在产品细节上的打磨能够为消费者提供良好的使用体验，事实正是如此，消费者留下来的核心是店内的产品给予了用户想要的，这个想要包括他想到和想不到的，这就是潜性需求和显性需求。

那么，在产品细节上，店主应该从哪些方面努力呢？最重要的是产品本身的功能要完善，要卓越，能够最大限度满足消费者的需求和愿望。除此之外，要给消费者意外的惊喜，而要想在产品上给消费者带来意外的惊喜，就要为消费者带来功能之外的东西。同时，还要让产品本身没有问题，在细节上完善产品本身的功能。

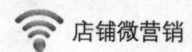

其次，开店要在环境的设置上注重细节。每一个店铺由于经营产品不同，所以店内环境的设置也应该有所不同，尽管有所不同，但是应该把握的主旨是店内环境要随时根据市场的变化加以改变，要最大限度地为消费者带来舒适的感觉。而能给消费者带来舒适感觉的环境设置要充分考虑到陈列、色彩两大因素。产品陈列是否合理是影响顾客挑选与购买的直接因素。陈列中的一些细节也不能视而不见。如货架的高度，要同眼睛视线平行，码货要整齐，包装要完好，价格标签要全，货架、商品无尘不脏，货不要上得太挤，缺货随时补齐，换位、移位的货要随时摆好等等。这些细节方面的问题，能影响消费者的消费感受，甚至直接决定消费者是否会继续购买。

而店内色彩的设置也同样重要，人们看到暖色一类色彩会联想到阳光、火等景物，产生热烈、欢乐、温暖、开朗、活跃、等感情反应。见到冷色一类颜色，会使人联想到海洋、月亮、冰雪、青山、碧水、蓝天等景物，产生宁静、清凉、深远，悲哀等感情反应。暖色调的颜色则分为热烈暖与温情暖两种。比如，酱红色的墙壁会使卖场充满媚惑与热烈，而黄色与橙色的墙壁则让人感到温馨与浪漫。所以，店主需要根据冷暖色调的作用来设计店铺氛围。

再次，开店要注意服务细节。服务细节是店铺提高服务质量的基础，店主要做到关注服务过程中的细节，做好细节服务，以完善的细节来赢得顾客的心，让顾客不仅消费到自己的产品、服务，还能消费到尊重、关爱、荣耀等附加值。服务的细节还体现在产品的配送上，配送服务切莫忽视细节，很多店铺都开设了送货上门的服务项目，这就需要在实际操作过程中注重细节，不但要做到及时送达，同时还要积极解决顾客遇到的各种问题。

这就是店主在经营店铺时应该在细节方面做到的事情，店铺在细节上的努力是能够被顾客感知的，而这种感知会促进成交，最终带动店铺的发展。

【经典案例解读】

甘其食：专注细节一年卖出3个亿

在饮食行业中，甘其食无疑是做得比较成功的一个，2009年，童启华在杭州的文一西路开设了一家包子店。受老子《道德经》的启发，董启华引用"甘其食、美其服、安其居、乐其俗"中的"甘其食"作为自己包子店的名字。甘其食一经成立，就在极短的时间内扩张到160多家。2013年8月甘其食获得天图资本8 000万元的投资，让业界震惊。这也是传统包子行业获得的第一笔股权投资。

如今的甘其食已是杭州家喻户晓的品牌，甘其食的成功很大一部分原因是董启华在用互联网思维来卖包子，而其中最重要的一点是专注细节，正是由于在细节上的不断努力，甘其食才赢得了顾客的喜欢。甘其食在细节上的关注甚至是挑剔的，这种挑剔渗透到包子生产的每一个方面。为了让顾客吃到放心的包子，甘其食建立了一套严密的工作机制，从采购、生产、品控、物流各个环节层层把关。

对于餐饮业来说，选料是非常重要的，它直接决定着产品的味道、质量，甘其食在选料上是非常挑剔的，也是非常讲究的。在选料上，甘其食主张"绿色、有机、健康"，并与供应商建立了良好的长期合作监控机制，面粉、肉类价格均高于市场同类产品，菌类、青菜类的挑选也严格参照甘其食标准，从源头上保证所有食物的高品质、高要求。比如，甘其食的肉料全部来自著名肉制品加工厂"金锣"。并且甘其食肉包用的不是传统的五花肉或是猪碎肉，而是选择猪前腿肉，在肉质上更鲜美，更有嚼头。做包子用的面粉是国内最好的食点中精粉，价格高于市场同类产品8%～10%。这类面粉加工出来的包子品质稳定，口感松软，有嚼劲，表面有一定的光泽，又能长久保留包子里面的汤汁。香菇菜包中的香菇用料是60

多元每公斤，甘其食只接受菌柄小于12.5px，菌盖直径2.5～87.5px的庆元小香菇，因为这样的香菇吃起来口感和味道才是最棒的。甚至为了采购到更好的青菜，不惜去昆明进口青菜到杭州。

为了降低食品安全风险，甘其食在成立之初就建立了中央厨房，负责统一的采购和配料。这些购买的原料都是由物流公司统一配送的，并且为了确保干净卫生，每部冷冻车出发前都事先清洗消毒，冷冻车车内还安装GPS系统，目的就是对运输车辆的温度进行全程跟踪，使馅料始终处于-10℃的冷冻状态，以确保原材料的新鲜、安全。

除了在选料上注重细节之外，在制作与购物过程中，甘其食也在细节上做得尽善尽美，甘其食包子在加工过程中不使用任何添加剂，以保持包子的天然味道。同时操作过程也有严格的甘其食标准，生包子重量是100克，60克皮、40克馅料，误差不能超过2克，2小时未卖出的包子全部销毁等。为了打造快捷的顾客购物体验，甘其食为每个门店做了服务规则的设计，其中最重要的一点是保持一个顾客12秒的原则，也就是说任何交易都要在12秒内完成。甘其食用这一原则让交易迅速形成，杜绝了交易速度太慢的做法，为顾客打造了良好的购买体验。

这些在细节上的努力，让顾客感受到差异化的存在，也让顾客感受到甘其食在做包子方面在细节上做出的巨大努力，这也是甘其食一年卖出3个亿的重要原因之一。

【案例解读】

甘其食的成功很大一部分原因是在细节上做到了极致。作为店铺经营者，要想做好自己的店铺，就要在细节上做出努力，让顾客充分感受到店铺在为顾客打造良好的购买体验，这种良好的购买体验会增进顾客的黏度，从而促进店铺自身的发展。

 ## 成功店铺要有精良的服务

互联网时代强调用户体验至上，而对于店铺来说，真正能给用户带来良好体验的是精良的服务，这也是很多店铺获得成功的重要原因。而对于店铺来说，要想打造良好的服务，需要从售前、售中、售后3个方面着手。

首先是做好售前服务。售前服务是店铺在顾客未接触产品之前所开展的一系列刺激顾客购买欲望的服务工作，对于整个店铺销售来说，售前服务是营销和销售之间的纽带，作用至关重要，应该受到足够的重视。店铺通过富有特色的一系列售前服务工作，一方面可以使自己的产品与竞争者的产品区别开来，树立自己产品或劳务的独特形象；另一方面可以使消费者认识到本企业产品带给消费者的特殊利益，吸引更多消费者。这样，就能创造经营机会，占领和保持更多的市场。对于店铺来说，售前服务的内容多种多样，主要是提供信息、市场调查预测、产品定制、加工整理、提供咨询、接受电话订货和邮购、提供多种方便和财务服务等。这些方面的服务能够使自己店铺的产品最大限度满足用户需要，从而能够刺激用户产生购买的欲望。

其次是做好售中服务。所谓的售中服务是指营业员在销售过程中所提供的服务，是营业员在推销现场与顾客进行充分沟通，深入了解顾客需求，协助顾客选购最合适产品的活动。在日益竞争激烈的市场环境之下，身为店铺店主，要鼓励自己的销售人员做好售中服务。之所以要这样做，是因为做好顾客的服务是很重要的，一个良好的服务态度可能就会促使一笔生意的成交。尤其是在顾客犹豫不决的时候，销售人员的服务态度就起

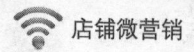 店铺微营销

到决定性的作用，很有可能就促使顾客购买产品。要做好售中服务，销售员必须做到微笑服务，让顾客感受到自己的热情。同时，要耐心为顾客讲解产品的详细性能规格、具体使用方法，以及注意的事项。也就是说，在从事售前服务时必须具备崇高的服务理念和职业的服务心态，以真诚、微笑和敬业来为顾客解决所有的顾虑，以此来促进成交。

最后是做好售后服务。售后服务是售后最重要的环节，售后服务已经成为店铺赢得顾客喜欢的重要决定因素。从推销的层面来看，售后服务本身同时也是一种促销手段。店铺要做的是采取各种形式的配合步骤，通过售后服务来提高店铺的信誉，扩大产品的市场占有率。而店铺要想真正做好售后服务，就要从3个方面努力。

第一个方面是做好跟踪服务。作为一家店铺，卖的是他人加工的产品，自己不过是一个"中转站"，这时店铺如果能在售后认真负责地为顾客做好跟踪服务，就能改进店铺与顾客联系，持久地满足不同顾客的特殊要求，时时让顾客感受到自己的真诚，从而换来顾客的忠诚。

第二个方面是货物出门，支持退换。对于大多数顾客来说，买了商品以后，不到万不得已是不会来退换货的，只有在对购得的商品很不满意的情况下才会要求退货。在面对要求退货的顾客时，店员应设身处地为顾客着想，以十二分的热情来接受顾客的退换货要求。唯有如此，才能让顾客感受到卖家的良好服务态度，从而让顾客从内心对店铺产生好感。

第三个方面是对投诉拿出合理的态度。客户投诉是对店铺产品或服务的一种反馈，有抱怨就说明客户在某种程度上对店铺的产品或服务还是有一定期望值的，客户之所以会投诉，是因为产品或者服务没达到客户的预期。面对顾客的投诉，要拿出积极的态度，妥善处理顾客投诉的问题，并且抓住机会，将客户的投诉转化成赞扬，如此就能增加顾客的忠诚度。

【经典案例解读】

阿芙精油：对服务体验的极致追求

阿芙精油是知名的淘宝品牌，随着全球范围内精油文化和植物护肤品的兴起，阿芙精油一直是中国市场这个领域里不遗余力的开创者和普及者。在各个美容时尚类电视节目，例如在《美丽俏佳人》节目中开设"阿芙香薰课堂"，直接冠名播出《阿芙漂亮女人》电视节目，在《瑞丽》《时尚》《ELLE》《悦己》等高端时尚类杂志开设精油专栏，以及在大量美容网站及论坛的种种介绍和评测，均成为瞩目焦点，备受好评。

阿芙精油之所以能够取得如此大的成就，很大一部分是由于阿芙精油在服务上的极致追求。阿芙的服务一直被很多顾客赞扬，有人甚至称它为"化妆品行业的'海底捞'"。这就可以说明阿芙在服务上做得是非常出色的。在客服办公室的大幅海报上，有一句长长的标语："顾客是我们的衣食父母，他们有时候任性、调皮、小小霸道，但依然是我们的亲人。没有他们，客服部就不必存在了！所以即使私下里，也不应该有任何不敬！要拿出120%的热情来爱她们！顾客撒娇的时候，就让我们满怀爱意，笑着容纳吧！"这段话更加证实了阿芙在服务上的出色。

阿芙精油对服务的极致追求首先体现在阿芙客服上，阿芙在博客达人的使用推荐下吸引了大部分流量，之后阿芙还利用颇具个性的客服方式来赢得客户的满意，阿芙把客服人员分为"重口味""小清新""疯癫组""淑女组"几个小组，这些客服人员24小时无休轮流上班为客户服务。同时，为了让客服的速度变得快捷，客服人员统一使用Thinkpad红帽笔记本工作，因为使用这种电脑切换窗口更加便捷，可以让消费者少等几秒钟。阿芙利用这样的客服方式为客户提供了良好的沟通体验，这种体验能够促进整个购买过程的愉快进行，并最终达到促销的目的。

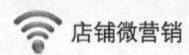
阿芙另外一个在服务上做出的极致追求还体现在阿芙设有"CXO"，即首席惊喜官，首席惊喜官是2013年6月开始出现的一种新兴职业，主要由热爱员工的职场新人组成，负责调动公司各个部门，组织节日庆祝活动。这个职业一般出现在电子商务公司，如今在电商企业中出现了这样新奇的职位，管理者还给这个职位起了这样一个非常响亮的名称。阿芙首席惊喜官要做的是每天在顾客留言里寻找，猜测哪个顾客可能是一个潜在的推销员、专家或者联系人，也就是所谓潜在的"意见领袖"，找到之后他们就会询问地址寄出包裹，为他们制造惊喜。他们的工作是每天往每个包裹里放新奇有趣的小礼物，不为别的，就为顾客拆包时能感到惊喜，开心一笑。有意思的是，这个岗位的设立让很多忠实顾客一听说漂网招聘，就跑来当员工了。

阿芙对服务上的极致追求还体现在送货上。送货时，阿芙的送货员穿的是Cosplay的衣服，化装成动漫里的角色为消费者送货上门，给消费者带来惊喜的同时也极具话题性。在送的货里阿芙还为顾客提供了大量的小型试用装和赠品，比如大队长的"三道杠"、大丝瓜手套、面部小按摩锤、"2012船票"等。这些小赠品既起到了营销的作用，也吸引用户再次购买。

为了解决顾客在邮费方面的忧虑，阿芙还推出了包邮卡，拍下全年包邮卡仅用9.9元，在这一年里买任何东西都是免费邮寄的。如果购买至尊包邮卡的话，仅需花费59.9元，阿芙不但会赠送购买至尊卡的客户一个卡状的4G U盘，并且终身包邮。

"人生当以服务为根本，赚钱只是顺便！"这是阿芙的另一句标语。从中我们不难发现，阿芙在精油类目中销量淘宝第一，靠的不仅是产品，更重要的是近乎极致的服务。

【案例解读】

阿芙在服务上的努力告诉店铺经营者，经营店铺不仅仅是为了赚取利润，更是为了为顾客提供服务，也就是说要对服务始终保持激情，让顾客享受到最愉快的购物体验。店主们如果做到这一点，相信赚钱将会是一件非常简单的事情。

 # 不同店铺如何利用环境留住顾客

当顾客走进店中，只看见店内的装修，不一定会有购买的冲动。要使顾客产生购买冲动，必须使店内有卖场氛围。这就是说店铺要想出售产品，还要努力在店铺装修设计上下功夫，以使顾客产生良好的体验，从而促使他们产生购买的欲望。

要想在设计装修上为顾客打造良好的体验，就需要根据行业的不同设计不同的装修。具体装修设计的方式如下表。

行业类别	设计装修方式
服装店	服装店要有有序的色彩，有序的色彩主题给整个卖场主题鲜明，井井有条的视觉效果和强烈的冲击力，陈列中较多运用色彩对比设定为焦点，或营造货品陈列的色彩渐变效果，使顾客产生购物的冲动。小型服装店装修在结构方面一定要搭配妥当，室内照明要明快、轻松，如此不仅可以渲染店铺气氛，突出展示商品，增强陈列效果。 　　服装店还要除味，对于服装店来说，店内气味是至关重要的。进入店中，有好的气味会使顾客心情愉快。在店中喷洒适当的清新剂有利于除去异味，也可以使顾客舒畅，但是喷清新剂时不能用量过多，否则会使顾客反感。

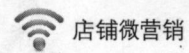

咖啡店	咖啡店的店面装修设计风格和质量要高，咖啡店装修设计应该以西式为主，采用的欧式装饰风格。咖啡店的店门应当是开放性的，所以设计时应当考虑到不要让顾客产生"幽闭"、"阴暗"等不良心理。因此，明快、通畅，具有呼应效果的门扉才是最佳设计。在内部设计上可以以反复的花纹，水晶吊灯，香薰烛台，苏格兰格子桌布为主要设计元素，营造出一种温馨的氛围。咖啡制品本来就是以褐色为主，深色的、颜色较暗的咖啡，都会吸收较多的光，所以若使用较柔和的日光灯照射，整个咖啡馆的气氛就会舒适起来。
酒店	酒店作为一个高级消费场所，在外部装修上要给人一种视觉上的刺激，在内部装修上要给人一种美的享受。在装修中，要力求简洁大方，清新脱俗，切莫以怪异的造型和装修来吸引消费者。此外，室内空间的装修效果要做到整洁，突出个性，这样才能让顾客得到温馨舒适的环境，彰显酒店独特的文化品位。还要营造时尚温馨的氛围，灯光设计和色彩要搭配得当，可以采取温馨的日光灯，塑造温馨的氛围。
美发店	美发店装修一般都以简单、大方、适用为主，给消费者以赏心悦目、轻松愉快的感觉。要重视店内空气质量，建议在装修时多摆放一些防辐射、吸收灰尘的植物。吧台是发廊的客户服务中心，要求实用，同时也要美观。 发廊的灯饰不仅仅是为了照明，更是为了烘托出一份温馨的环境来。可以选择使用倒挂式酒瓶吊灯，光线柔和，幽雅的灯饰效果恰到好处地烘托了美容美发环境。镜子要明亮，椅子、床铺要精美，外形要独特，色调要统一。
餐馆	餐馆的外观、色彩以及装饰，都因经营内容的不同而有所区别，但一般作为餐馆的前厅都应宽敞、明亮。其高度应不低于3米。餐馆装修的颜色适宜选用暖色系，如黄色、橘红色等这些色彩都会显得温馨并能刺激人的食欲。餐馆灯光要合适，太亮或太暗的就餐环境会使客人感到不适。除此之外，灯光的明暗结合要富有层次，桌面的重点照明可有效地增进食欲，而其他区域则应相对暗一些，有艺术品的地方可用灯光突出。根据店面的面积，来确定该买什么样的桌椅，一般来说小店的话是四人桌与两人桌相结合，大店就要增加一些十人大圆桌。不能显得太挤，但也不能摆得太少。

工艺品店	工艺品店装修材料选择要高档，给顾客富丽堂皇的感觉。材料可以选用枣红色的实木，也可以选用玻璃的。要注意整体的搭配，要考虑色调和谐统一。灯光一般选择比较柔和的日灯光，在每个放置工艺品的格子里可以放置小的节能灯。
饰品店	饰品店的货架造型应基本统一，尺寸一致、材料一致、形式特征一致(主要表现在顶、脚、角、面)、色彩一致，使货架取得统一感。目的是为了造成一个整齐、有秩序的环境，提供适合购物的良好气氛。在色彩上一般一个店大面积或装点的色彩不宜超过三个色，可以选择当下比较流行的饰品店装修主色调：玫红+纯白色；纯白色+黑色+灰色。可以装修成格子铺的风格，并且在每个展柜后面安装上暖暖的射灯。这样的好处就是使得店铺有种很整齐的感觉，给整个空间增添了很多气氛，让顾客一进去就流连往返。

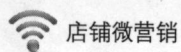

第三章　顾客决定着店铺的利润

 粉丝经济：店铺粉丝的培养技巧

互联网时代，很大程度上，粉丝决定着企业的利润，甚至可以说粉丝决定着企业的生死。粉丝经济的概念最早产生于六间房秀场，其草根歌手在实时演艺过程中积累了大量忠实粉丝，粉丝通常会通过购买鲜花等虚拟礼物来表达对主播的喜爱，在节日和歌手生日等特定时期礼物的消费尤为活跃，据统计秀场的ARPU值最高可达1 000元人民币。从中我们可以得知，要想在互联网发达的今天获得较多的利润，就要懂得注重培养自己的粉丝，对于开店来说，同样要注意培养自己的粉丝，对于店铺来说，粉丝就是店铺的忠实拥护者，这些忠实拥护者就是店铺主要利润的来源。

对于店铺来说，没有粉丝就没有未来，在互联网快速发展的今天，店铺品牌创建已经与经营粉丝的过程高度融为一体，特别是对于网上店铺来说，粉丝的重要性体现得更为明显。如果店铺有了充足的粉丝，即使是店面再小，也能最大限度地赢得利润。互联网时代店铺粉丝的培养是非常便利的，因为二维码、微博、微信等的出现，为店铺培养粉丝提供了便利，具体来说，店铺可以推出自己的二维码，以此来积累大量粉丝，同时还需依靠微博、微信来对店铺展开宣传，以最大限度地培养粉丝。虽然互联网时代的自媒体平台为店铺培养粉丝提供了便利，但是粉丝的培养并不是说有了这些自媒体就一定能够培养足够多的粉丝。店铺要想获得足够多的粉丝，还要从以下4个方面着手：

首先是要有创新服务，以及有特色的产品。店铺的粉丝经济缘于客户关注自己的店铺，靠的是店铺的影响力，唯有在服务上创新，店铺有自己的特色。无论开哪种店，都要强调它在同类产品中独特的个性，不能大众化。所谓店铺的个性化，指的是店铺经营的商品要时尚前卫、价位低廉、商品稀奇、人无我有、销售新奇等。只有这样，特色店才能日益彰显出自己的个性，在众多店铺中以特色取胜。唯有如此，才能吸引客户的关注，并把客户最终转化成店铺的忠实粉丝

其次要做到维护老客户，开发新客户。对于店铺来说维护老客户是获得忠实粉丝的关键，而要做到维护老客户，店铺需要做的是通过会员关系管理，深度挖掘不同层次老客户的需求，达到维护老客户的目的，并最终使老客户转化成为店铺忠诚的粉丝。虽说开发新客户对于店铺来说成本是大于维护老顾客的，但是开发新客户也是店铺获得粉丝经济的重要环节，要做到开发新客户，就要对店铺的宣传做到位，这样才能吸引越来越多的新客户。如果做到了维护住老客户，开发出新客户，就最大限度地留住客户，并最终实现店铺粉丝经济。

再次要依靠粉丝间互动传播来赢得较多的粉丝。店铺与粉丝之间的互动传播对于店铺粉丝经济的实现有极大的促进作用，这种互动传播能让店铺粉丝群活起来，能够通过自媒体平台将自己店铺的产品信息宣传出去，

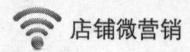

在宣传店铺自身的同时，还可以赢得一定数量的粉丝。

最后要把情感营销做到极致。这是店铺粉丝经济的重要一步，店铺不应该仅仅把自己店铺的产品当成是产品来卖，还应该付诸情感诉求。对于店铺产品来说，越是把情感诉求付诸产品上，就越是能够得到更多的回应。除了给产品赋予情感诉求外，还可以通过节日的方式，把产品的情感因素体现出来，比如七夕、中秋、春节等这些传统的节日。当对产品进行情感诉求时，就能使店铺的产品受到顾客的喜欢，并使他们成为店铺的忠实粉丝。

【经典案例解读】
啤酒和炸鸡：《来自星星的你》下的粉丝效应

2013年，一部《来自星星的你》火遍了大江南北，甚至是受到亿万粉丝的追捧，让人想不到的是，《来自星星的你》的热播刺激了疯狂的消费，让亿万年轻的星迷纷纷根据剧中的台词进行疯狂的消费。《来自星星的你》对消费的刺激证明，粉丝经济对互联网时代利润的获得具有举足轻重的作用。

在《来自星星的你》的影响下，消费的刺激渗透在服装、配饰、餐饮、房产、旅游等各个领域。比如《来自星星的你》中很多剧服都是出自奢侈品品牌，剧中女主角都有新的品牌出现。这些品牌的价格是非常高的，最低的售价都会超过万元。即使价格高昂，也有大批的白富美粉丝对其展开疯狂的追求。再比如，《来自星星的你》的男主角都敏俊睡前翻阅的《爱德华的奇妙之旅》这本书在一家天猫店里一个月就售出了3 443件，而很多购买者坦陈是因为看了《来自星星的你》才买的。

除了在以上两个方面体现出《来自星星的你》的粉丝效应外，在餐饮方面也体现出这一粉丝效应。《来自星星的你》中的一句台词"下雪了，怎么能没有炸鸡和啤酒呢"刺激了粉丝们的消费欲望。很多店铺开始拿这句台词"做文章"，比如杭州一家日本连锁餐厅在情人节期间推出"炸鸡啤酒"套餐，这种做法在2月14日晚上取得了实效，当晚就热卖上千套。这是这句台词给实体店带来的利润，杭州的那家日本餐厅正是看到了《来自星星的你》粉丝的重要作用，才最终依靠"炸鸡啤酒"套餐取得了不俗的销量。当然，这种粉丝效应带来的利益不仅仅体现在实体店上，还体现在网店上，在这句台词出现之后，一家淘宝店推出"初雪必备"的炸鸡和啤酒套餐，售卖半成品的冷冻韩式炸鸡，以及同款啤酒。而卖炸鸡的天猫、淘宝店主、卖炸鸡粉的店铺都打出了"炸鸡和啤酒"的标语。在粉丝效应的带动下，这些店铺的销售都呈现出火热的状态。

从中我们不难发现，粉丝经济对于店铺的重要作用，也说明对于店铺来说，没有粉丝就没有未来，就没有钱可赚。对于店铺来说，要懂得培养自己店铺的粉丝。

【案例解读】

《来自星星的你》带来的粉丝经济告诉店铺经营者：得粉丝者得天下，店铺是否有数目众多的粉丝直接决定着店铺的经济利益。而店铺要想获得数目众多的粉丝，就要多方面发力，在注重店铺自身塑造的同时，还要依靠微信、微博等自媒体对店铺展开营销推广，以扩大店铺自身的影响，积累越来越多的粉丝，最终实现店铺的粉丝经济。

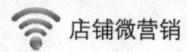

 兜售参与感让顾客埋单

　　互联网时代，每个消费者都可能和素未谋面的其他消费者在某个购物社交网络中相互交流，分享他们的消费主张，形成物以类聚、人以群分的消费社群。在当下时代，很多消费者都有超强的自我意识，这些消费者对产品和服务的需求不再停留于功能层面，他们更多的是想借产品来表达自己的情感。他们更希望自己能够参与到产品销售与服务的整个决策中去，而在经营企业的过程中如果能够为顾客兜售这种参与感，就更能吸引顾客，为顾客培养忠实粉丝。

　　在互联网时代，向顾客兜售参与感是非常重要的。关于这一点，在小米手机身上体现得较为明显，正如小米黎万强所说："小米的秘诀第一是参与感；第二是参与感；第三，还是参与感。"从中我们不难发现用户参与感对于企业发展的重要作用。兜售参与感的重要性不仅仅体现在互联网行业中，还体现在店铺的经营过程中。互联网时代应该以互联网思维来经营自己的店铺，而兜售参与感对于店铺的发展具有非常大的促进作用。

　　日本有家"老板无主意"商店，店老板名叫小柳茂孝。所谓老板无主意就是商店进什么货，不是由老板决定，而是顾客替老板出主意，告诉商店应经营什么项目，老板则给出主意的顾客以各种奖励。小柳茂孝的"老板无主意"商店开业以后，顾客盈门，买卖兴隆，每天来采购的人络绎不绝。就此我们不难发现店铺经营兜售参与感的重要性。

　　既然兜售参与感那么重要，店铺经营者应该如何做到兜售参与感呢？可以先举个例子进行说明，这就像是交朋友一样，比如说你有一个关系非常好的朋友，他打电话找你帮忙，不管多忙你都会立刻去帮助他，或者回应他，但如果你与这个朋友的关系很一般，你可能就没这么着急了。经营店铺同样是如此，如果顾客把店铺当成是关系很好的朋友，那么他们就会非常关心店铺的发展。此时，让顾客有一种参与感起着非常重要的作用，而所谓的参与感其实就是给顾客话语权，让他对店铺的产品和服务可以发表意见，参与整个改动的过程，让顾客对产品有很强的主人翁意识。这种参与感就是要给顾客一些小小的特权，这些小小的特权会让顾客觉得自己有面子，这就能让顾客因为有面子而购买店铺的产品和服务。

那么，对于店铺经营者来说，应该如何兜售参与感呢？具体来说，店铺兜售参与感应该从以下三个方面入手：

1. 让顾客参与产品研发与设计

顾客参与被越来越广泛地应用到产品开发创新的过程中，在整个产品开发创新过程中科学合理地管理顾客参与，对提高产品开发的成功率和降低创新风险有着重要意义。随着互联网的飞速发展，企业在新产品开发的过程中越来越重视满足顾客的需求，而让顾客参与到产品研发与设计中，就是一个很好地满足顾客需求的方式。从心理层面来说，顾客参与是顾客在交易过程中对更高心理需求的追求，如情感、被别人尊重、认可、自我实现等方面满足的结果。而从产品交易取得的效果来看，恰恰是因为参与感满足了顾客的这一心理需求，自然能够引起顾客的喜欢，最终促进成交。

2. 让顾客参与价格制定

大部分店铺在选择定价方法时，采用成本导向、竞争导向和目标导向，顾客参与较少。而让顾客参与制定价格，找出"顾客愿意出的价"，则是一件非常明智的事情。国外有的餐馆采用"看着给"的付款方式，让顾客定价，尽管没有明示价格，但据说顾客所付常超出经营者的预料。这种定价方法使顾客有一种受尊重、被信赖的感受，其自律性增强，甚至产

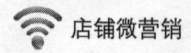

生回报意识。

　　3. 让顾客参与到品牌传播过程中

　　店铺品牌的传播推广同样要重视顾客的参与感，让顾客成为店铺产品品牌的传播媒介。成功的店家善于利用顾客的力量来宣传自己的产品，而要想让顾客参与到店铺产品品牌的传播中来，关键是要刺激他们参与的欲望。有些顾客是很乐于分享购物体验的，如果他们对店铺的商品和服务满意，会在评价里给予肯定和赞扬，也可能会去发买家秀，或主动推荐给自己的亲戚朋友或同学同事。这就是所谓的顾客分享传播。同时，要想做到让顾客充分参与到店铺的产品传播中来，就需要给顾客以各方面的激励。比如，适当地给予礼品、现金券、折扣、佣金之类的回馈。

【经典案例解读】
七格格：靠顾客参与感赢得死忠粉

　　七格格是一个淘品牌，起步于2006年，专注于小众市场，通过多个小众品牌叠加成为一个快时尚品牌池，领跑中国潮流时装成为行业时尚风向标。2011年七格格被评为"中国女装最佳投资企业"，目前已有两家国际知名VC注资。在淘品牌中七格格无疑是非常成功的，而它的成功除了得益于淘宝这个平台外，最重要的原因是它拥有数目众多的死忠粉，而七格格获得死忠粉的一个重要手段就是兜售用户的参与感。

　　七格格拥有一支"15位年轻设计师+1位专职搭配师"的团队，每月最少要推出100~150个新款，同时保证店铺内货品不少于500款。在每次要上新款的时候，七格格首先会将新款设计图上传到淘宝店面页面上，让网友们对新款投票评选，并在QQ群中讨论，最终选出大家普遍喜欢的款式，然后进行修改，再上传到网站，再修改，如此反复经过几个回合，等图片改造成熟的时候再生产、上架。在这个过程中，真正决定款式、时尚走向的是消费者，而消费者也非常喜欢这种参与到产品设计中的感觉，他们对自己参与设计的产品具有浓厚的兴趣，并会争相购买自己参与设计的产品，这就促进了成交量。

除了在产品设计的时候向消费者兜售参与感之外，还会在活动中让消费者积极参与进来，以促进产品的销售。比如在情人节举行的情人节帮派活动，七格格在情人节进行了两次活动，第一次情人节活动是为了拉带销量而做出的常规促销活动，而第二次活动的重点在于SNS营销，以把顾客通过表白可获红包、叭歪、分享可获礼包的给力惊喜，吸引顾客的参与度，让顾客到帮派、淘江湖里去关注七格格家，通过这次活动，七格格又获得了一大批忠实的顾客。

七格格在经营的过程中运用的就是让顾客参与的方式，这种让顾客参与到其中的方式，给顾客带来了诸如被别人尊重、认可、自我实现等情感方面的因素，正是这些情感方面的因素为七格格培养了成千上万的死忠粉，并促进了七格格的飞速发展与壮大。

【案例解读】

七格格的成功告诉店铺经营者，在经营自身店铺的过程中要做到让顾客参与到店铺经营中去，具体来说可以让顾客参与到产品的设计、定制、品牌传播的过程中，多给顾客一些话语权，让顾客因为感受到被重视而成为店铺的忠实粉丝。

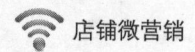

 ## 有趣好玩，才能打动你的顾客

互联网时代，各种店铺层出不穷，要想在众多的店铺中脱颖而出，并且吸引顾客，就要把握"有趣""好玩"的原则。也就是说店铺要在有趣与好玩上下功夫，而店铺的有趣与好玩又体现在店铺名字、店铺设计、店铺营销活动中。

首先，店铺的名字要有趣好玩。互联网时代，商品种类繁多，层出不穷，而要想让自己的店铺吸引人就要在起名的时候以趣字当头。有趣的店名能让人会心一笑，并且能让顾客暗生惊喜。当下有很多店铺的名字起得都非常有趣、好玩，比如工农兵。工农兵是一家经营铁锅炖菜的店名，除了这个店名特别有意思外，店铺的门楣上还有两幅工农兵照片。这样的名字能够引起一些恋旧人的兴趣。比如衣拉客。衣拉客是一家经营服饰和腰带的小店，这个店名把衣服与顾客巧妙联系起来，给人无限遐想的同时，又会让人会心一笑。再比如一家鞋店的名字：东鞋西足。这家鞋店在起名字的时候，把自己的店铺与金庸联系在一起，给人以出乎意料的感……有趣的店铺名字还有很多，比如餐馆动吃组、理发店顶头尚丝、新龙门饭店、吓你一跳饰品店、手指的精灵笔店、上帝也想唱卡拉OK、音乐的守候MP3专卖、唇唇欲动小吃店等。这些都是比较有意思的店铺名称。顾客在看到这些店铺名字的时候，会因为有趣、好玩而对店铺产生好感。

除了在名字上做到有趣好玩外，在设计上也要做到有趣好玩。有趣好玩的店铺设计会给顾客带来耳目一新的感觉，能让顾客在店内逗留的时间增长，并且能让顾客再次光顾自己的小店，拉回更多的回头客。具体来说就是要在店内装潢中充满幽默诙谐的趣味细节，以好玩的元素来让顾客的心情瞬间变得轻松愉快。店铺的有趣好玩要合理运用不同的风格，或文艺、或搞怪、或怀旧、或geek……比如，小鸡啄米手工室。小鸡啄米手工室是坐落在静安别墅内的手工学堂。顾客一进门就会被浓厚、淳朴的民俗风吸引，店面很MINI，摆满了彩绘风筝、兔子灯、布老虎、风车、拨浪鼓等怀旧的手工小玩意儿。比如，风波庄黄浦店。走进风波庄，处处武侠个个英雄。环顾四周，复古简装，竹子围成墙壁，每张桌子都以武侠门派命名。每一道菜也都出自武侠小说，让人感觉侠味十足。再比如，雷诺瓦拼图文化坊。店内有丰富的拼图花样，有立体的、夜光的、平面的；系列也超级丰富，几米的、弯弯的、educe和heye的、F1的……数不胜数，看得人眼花缭乱。这些有趣好玩的装饰方式能够让顾客心生欢喜，并打动他们在店内消费。

最后，店铺在开展营销的时候也要做到有趣、好玩。这是注意力经济时代，能够让消费者满意的商家和产品比比皆是，但能让消费者记忆的产品凤毛麟角，店铺要想让消费者记住，就要学会让消费者产生"记忆"。而让消费者产生记忆的方式之一就是进行有趣好玩的促销活动。比如，2010年年底，邵珠富协助一家海参店策划了一场"激情教授携手美女老板卖身（参）"的活动，一边是"霸王花"美女老板开的"海参"店，一边是知名的"激情教授"，二者"牵手"海参店，依靠有些暧昧的词语来吸引顾客，最终吸引了大批消费者的关注目光。再比如，Emart超市隐形二维码。这次营销也是非常有趣的，超市在中午的时候，人流量和销售量总是很低，于是韩国Emart超市别出心裁，在户外设置了一个非常有创意的QR二维码装置，正常情况下，扫描不出这个QR二维码链接，只有在正午时分，当阳光照射到它上面产生相应投影后，这个QR二维码才会正常显现。用户通过扫描QR二维码，就能获得超市的优惠券。再比如，Verizon发起有意思的比赛促销活动。Verizon开展了一次有意思的促销活动，顾客在店内

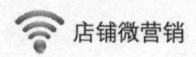

扫描二维码后，会在Facebook上分享他们的比赛信息。假如有朋友通过该链接购买了一台Verizon手机，原顾客就有机会赢得一台智能手机。这次促销活动让Verizon获得了丰厚的回报，并且Facebook用户也增加了25 000名。

从以上3个方面我们可以得出，店铺要想打动顾客，就要在有趣好玩上下功夫。很多研究都指出，快乐情绪会影响人的选择。例如，有正向情绪时，会更乐于参与活动，思考上也会想到抽象的层面，而不会拘泥在眼前的现实，这些都是快乐情绪带来的巨大影响。如果店铺能够让顾客产生快乐的情绪，那么，就能打动顾客，并且促进顾客消费。虽然在品牌中添加快乐元素，大胆地和消费者玩一玩，能够起到良好的效果，但是要把握好一定的度，特别是在营销的过程中，不能玩得太过火，否则可能会惹怒消费者，这就会使效果适得其反。

【经典案例解读】

有料美食：一月"玩"出30万

对于开店来说，好玩是可以起到促销作用的，甚至可以说好玩是一种基因。有料美食就是依靠这种好玩的打法，在只有50平方米经营范围的情况下做到了每月30万的流水，而绰号"肥虫"的店主也受到了大家的追捧。有料美食就是要做到好玩，正如店主肥虫自己所说："玩是一种基因，玩法不怕被模仿，我只要比你玩得好就够了。"

有料美食的好玩首先体现在店内的装潢上，以及店内物品的设置上。有料美食的装潢与很多寿司店都是不同的，甚至可以用"天马行空"来描述。店主肥虫为了让有料美食更加有趣，就在柜台上摆满了海贼王、小黄人等各类公仔，这些公仔不但好玩，而且还能充当桌牌号。在公仔上，有料美食确实取得了非常好的营销效果，也为有料美食带来了一批粉丝，当食客们走进店里，看到满满的公仔柜台时，会有人主动贡献出自己收藏的大玩偶。这只是有料美食好玩的一方面，具体来说，有料美食好玩主要体现在线上与线下两个方面。

有料美食的线上圈子是非常好玩的。肥虫从来不主动诱导店里的客人转发与有料美食相关的微博、微信，但是大家能够自动自发地参与和有料美食相关的线上活动，这些能持续消费、自发组织的忠诚粉丝会积极主动传播有料美食的信息，同时，他们还会自发组建微信群，群内的人还会不定期自发地组织线下活动。微信圈子里的人都是喜欢玩的一群人，所以即使没有专门的管理也能保持非常高的活跃度。比如，群里成员有时会把自己的头像都换成肥虫的，大家都会以肥虫的口吻来发信息，最终导致的后果是让大家谁都分不清谁。再比如，每晚11点半，肥虫会在线上逛一圈，然后告诉大家要准时睡觉。在群里，大家就像是一家人一样，保持着非常高的默契，以及和谐的氛围。

由于非常好玩，有料美食线上圈子的成员飞速增长，最终一个群已经容纳不下这么多的人，有料美食的忠诚粉丝们又主动分成了"大房群""二房群"，这些"房间"里的忠实粉丝会保持超高的活跃度，不定期举办线下活动，为有料美食的宣传推广起到了很大的推动作用。

除了好玩的线上互动外，有料美食还有好玩的线下活动，比如线下趴踢，三八妇女节前一天，肥虫在店里办了一场主题叫作"做自己的女神"的"举哑铃大赛"趴踢，这场趴踢深受大家的喜欢和热捧。除了趴踢外，肥虫还把好玩渗透在宣传推广的方方面面，比如，在春节之前很多公司没有放假的时候，有料美食推出了"晚归不怕来有料"的福利，具体来说就是消费者凭借春节前四天的机票车票来有料美食都可以给以打折。再比如，在茶叶蛋蹿红的时候，推出"免费派发茶叶蛋，每天早上做土豪"。还有就是文章出轨之后，有料美食迅速推出"伊利体"特色桌签，内容

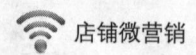

是："贪吃怕胖，坎坷吃货路，且行且珍惜，真重！""管他妈谁，出过轨劈过腿，依然相信爱情，相信自己，很有料！"有料美食好玩的地方还有很多，正是依靠这种好玩，有料美食一个月玩出了30万元的流水。

【案例解读】

有料美食的成功得益于好玩，所以对店铺来说要想获得大量的死忠粉，就要依靠好玩来激起大家的好玩心，激活大家参与的兴趣，特别是对于80后、90后这些天生具有好玩性格的消费群体来说，好玩是非常重要的。把这些具有玩性的小伙伴共同组成活跃的社群，把美食变成一种玩的体验，那么赚钱就是一件非常轻松的事情。

 店铺利润秘密：外卖是赚钱的利器

对于互联网时代的店铺来说，外卖已经成为一种赚钱利器，因为外卖一般不必付太多铺租等成本，即使小小的店铺也能实现较多的利润。说到外卖，几乎无人不知，但一提到外卖，多数人还是会马上想起快餐店。

外卖服务的出现源于西餐，由于西餐生产环节简单且标准化，实现大规模外送服务，无论是品质还是效率都有着比较强的优势，因此，其外送业务在发展中实现了快速兴起。目前无论是麦当劳、肯德基还是必胜客的外卖服务做得都非常有规模。西餐外卖服务催动了整个外卖行业的发展，很多中餐的重点也开始向外卖方向转变。

外卖对于店铺的发展是有很大推动作用的，在餐饮O2O里是最本地化的一类产品，能够保持较高的用户留存率。随着互联网的发展，阿里淘点

点、美团、大众点评、饿了么、到家美食会、易淘食等都加入外卖行业的阵营，餐饮O2O已在逐步成为事实。但是在目前所有的餐饮O2O模式中，外卖是非常成熟的，它比餐饮团购有更高的用户留存率，也具有更强的本地化属性。

那么，餐饮外卖的一般模式是怎么样的呢？

首先是在业务结构上，外卖主营业务一般是小店外卖，针对的用户也以中低端用户为主，客单价在10～20元之间。因为这部分群体是外卖业务的主要群体，能够起到规模效益。

其次是外卖线下门店推广。外卖最重要的一环是做好线下门店推广，而要做好线下门店推广，就需要投入大量的人员进行经营，甚至要寻求第三方团队的帮助。线下门店最重要的是做好产品本身，以及逐步完善配送服务。

再次要做好物流配送。物流配送可以选择自己招聘员工进行配送，也可以与第三方公司进行合作，比如美食送之类专门进行物流配送的公司。对于餐饮店铺来说，在物流上要做的最重要的是在配送速度和食品保鲜程度上做到完美，这就需要保证配送速度。

除此之外，外卖模式还需要进一步拓展。具体来说就是外卖要逐步进入中高端市场，外卖进入中高端市场，才能最大限度带来利润。同时还要逐步创建会员体系，店铺要做的是打通CRM会员体系层面，依靠会员体系来维护忠实的顾客。

虽然外卖能够为店铺带来丰厚的利润，但是并不是说店铺做外卖就一定能够成功，这需要店铺在做外卖业务的时候要注意以下两点：

外送的核心不在于制作，在于如何送达，采取哪种送达的方式。点单的顾客不可能聚集在一个区域，很可能东南西北都有顾客点单，此时送达的方式是非常重要的，直接决定着配送的费用。外卖配送的关键不是靠人

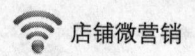

多取胜，重点在于要找一个最为便捷的路线，可以一次性在最短的时间内将各区域的顾客的订单送达。

要做好人力资源安排。外卖要有足够的人手来进行外送服务，如此才能满足顾客的外送需要，那么既能节约人力，又能满足高峰时期的人力需求的方式是少量全职+部分兼职员工的人力安排方式。

外卖要针对不同客户群采取不同方式。对好花样，爱尝新鲜的青年人要采取优惠政策，同时还可以给他们赠送好玩、有趣的礼品。对待经济条件成熟的中年人，要满足他们的消费需求，具体的方式是要为他们提供优质的服务。

快餐店能把外卖服务的招牌打响，而实质上，适合做外卖的不仅仅是餐饮业，更多其他行业也开始开展外卖服务，并且获得了良好的效果。在互联网时代的今天也有不少食杂店、便利店也寻到了外卖需求的商机，把外卖生意做得有声有色，既不花费额外成本，又赚取了口碑。

【经典案例解读】
嘉禾一品：2分钟出餐的秘密

在北京，嘉和一品是快餐品牌中做得比较成功的一个，促使其成功的重要因素之一就是快速的外卖配送服务。作为拥有近百个品种的嘉和一品中餐品牌，一直在外送效率上做出努力，并且取得了非常好的效果。

嘉和一品在北京有80多家店，在店铺数量上来说是与麦当劳等餐饮巨头没有办法相比的。但是，为了保证外卖可以有效率，嘉和一品的外送也统一使用400电话，并承诺30分钟内到达。嘉和一品的呼叫中心是精心打造的，顾客打进订餐电话常常选择的是最近的餐厅，然而如果顾客并不清楚自己的位置，每家餐厅关联的2公里范围的电子地图会在呼叫中心的系统中自动检索，将最近地址匹配给订餐用户。在订单形成以后，出订单的速度也是非常快的。当订单在呼叫中心形成以后，系统会自动将订单发送到相关店铺。店铺里后厨的每个档口的打单机就会自动把菜单打出来。从订餐到各个档口打出订单，整个过程不到2分钟。

这个过程无疑是非常快速的，因为2分钟出餐的速度是非常快的。嘉禾一品之所以有这么快的出餐速度，是因为后厨生产流程简化了，这主要得益于中央厨房的创建。嘉和一品在北京昌平创建了一个5 000多平方米的中央厨房，而嘉和一品的所有经营品种中有80%是在中央厨房里制作完成，嘉禾一品的很多食物是由中央厨房事先加工完成，然后再封装进环保袋中，每天早晨分别配送到各家门店，这无疑就提高了出餐的效率。

嘉禾一品创建中央厨房，很大一部分原因是为了保持出餐的效率，这无疑为提高外卖效率起到了促进作用。同时为了方便外卖的实施，嘉禾一品与淘点点、美团等网站合作，以方便外卖和团购的进行。嘉禾一品走的是"清粥小菜"的中式快餐路线，而与大多数餐馆不同的是，嘉禾一品的主要逻辑是从外卖做起，能带来越多的外卖单是嘉和一品的核心诉求。

嘉禾一品如此注重外卖，主要是因为对于快餐品牌来说，外卖确实是一种主要的赚钱方式，因为在现代职场，大家都是非常忙碌的，分配给吃饭的时间是非常少的，点外卖就成了一种主要的用餐方式，如果餐馆能够抓住这一点，就能赢得丰厚的利润。嘉禾一品正是看到了这一点，才在外卖服务上逐步加大力度。

【案例解读】

嘉禾一品对外卖的注重告诉店铺，特别是餐馆经营者，外卖是店铺获得利润的一种重要手段，应做好外卖服务。外卖能够为用户节省时间，节省精力，这种深受大多数用户喜欢的方式能为店铺带来很大一部分利润。

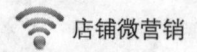
 ## 网店留住顾客的技巧

网店要想成功从顾客的身上获得利润，就要掌握一定的留住顾客的技巧。留住顾客可以从店铺的打造，沟通，以及店铺的服务入手来留住顾客。

在店铺的打造上，要放置合适的商品信息和恰当的图片。商品信息是买家了解商品的窗口，商品附带详细的描述对于销售确实会有一定帮助。商品信息不一定要详细，最关键的是要做到简洁而有说服力。图片未必需要经过反复加工的漂亮图片，图片关键是要有实用性，每一张图片都有明确的功能诉求点，告诉买家，购买这个商品能够获得哪些好处。夸大的图片和文字非但不能留住顾客，反而会让他们产生反感。

除此之外，店铺的商品有能力的话最好一周更新一次，让顾客有时时保有新鲜感，有值得顾客回头的理由，如果顾客真的喜欢店里的东西，通常有空就会进店里看看；如果店铺很久都不更新产品，则会让顾客心生厌烦。

如果说店铺的设计与打造是留住顾客的最基本条件的话，那么沟通是能够留住的决定性因素。

要想通过沟通留住顾客，首先要做的是做好开场白。在与顾客沟通的时候，可以从对方的资料里，头像上，发现一点和顾客相关的信息，比如说对方是哪里人，在开场白方面就可以从这方面入手，赞美对方的所在地。人都有浓厚的家乡情结，都会家乡出色的风景、小吃等感到自豪。客服人员可以以这个为切入点，赞美买家的家乡，激起他们的自豪感，从而让成交可以更好的实现；如果顾客的头像是一个孩子，就可以夸夸孩子长得多么多么可爱；如果顾客是美女，就可以夸她长得和某位名星很像，夸她的皮肤很好，问她是如何保养的之类的话。等等。诸如此类的开场白能够吸引顾客，甚至是促进顾客下单。

其次，还要主动介绍商品。有时候顾客会告诉卖家对什么宝贝感兴趣，一位负责的卖家应该熟悉自己的每件宝贝，对买家提出的问题有问必答。最好还能主动介绍一些顾客比较关心的常见问题。了解顾客的需求以后，卖家不妨介绍一些相关产品。比如顾客在购买一款美白的产品后，还可以给顾客介绍一款保湿的产品。

再次，要激发顾客下单的欲望。在与顾客沟通的过程中，要善于利用机会压迫的方式。卖家可以告诉顾客"数量有限"，因为数量有限，所以消费者心里就会有怕错失机会的感觉。为了抓住这个机会，消费者会选择成交；利用"二选一"的成交方式，"二选一"成交法可以使卖家一直掌握着主动权，使买家回避"要不要购买"的问题，让买家没有拒绝的机会，只是让买家在局限的范围内进行选择，最后促成交易；利用从众说服法，卖家要善于抓住消费者的从众心理，来说服买家拍单。而这一技巧的典型做法之一是告诉买家这款商品全国销量领先，"全国销量领先"是一记重磅炸弹，能击溃买家的抵御心理，成功让买家拍单。

除了通过沟通来留住买家外，还要依靠服务来留住买家。卖家要提高客服亲和力。比如顾客去淘宝，大部分的客服都会这样问："亲，有什么可以帮你的？"如果换成为："亲，上次买的东西满意吗，有什么需要帮助你的？"这种感觉就不一样了，让买家觉得在你这里受到了重视，下次还会再光临的。亲和力对于买家来说，具有很大的杀伤力，能够让他们感到温馨，并以此来激发他们下单的欲望，要想达到亲切的效果，就要在与买家沟通的时候多运用"亲"、"美女"等之类的代表亲切性的词语。同时，在整个沟通过程中，卖家应和潜在顾客互为信任并坦城相待。当顾

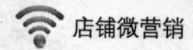

客知道卖家随时等着给他们服务，就没理由不信任卖家而拒绝接受这种服务。另外，在交易完成后，应该尽可能多的与顾客联系。在交易过程中，尽量获得买家的联系方式。比如，手机号码，或者QQ号，获得联系方式后可以有规律的与其短信联系，以拉近彼此之间的距离。

第四章　客流量是店铺经营成功的基石

 店铺如何引爆客流量

互联网时代注重流量，甚至可以说是流量就是金钱。一个铁的事实就是，只要你提供的内容有人看，那么就能够将其转换为收益。这就是流量就是金钱的最通俗的解释。那么，流量具体指的是什么？流量就是能带来效益的潜在客户，包括网站访问客户、邮件访问客户、软件访问客户、BT下载访问客户等。这是互联网行业所说的流量。而对于店铺经营来说，同样要注重流量，这里的流量所说的是客流量，店铺的收益来自顾客，有充足的客流量才能有好做的生意。

开店一定要注重客流量，这一点在日常生活中可以经常看到。比如，一些财雄势大的投资者开店，一般都舍得投放大笔租金择客流最多、最集中的黄金铺面。而一些做小本生意的店铺老板，虽也深知人潮是钱潮这一道理，但由于租金昂贵而不得不放弃在黄金地段开办快餐店的打算。这都

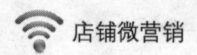

是客流量在起着决定作用。很多人开店把店址选在交通便利，过往人员较多的地点以方便顾客进店，满足顾客交通便利的需要。这也是客流量在起着决定作用。开店之所以注重客流量，是因为对经营店铺的创业者来说，"客流"就是"钱流"，甚至直接决定着店铺的生死。

既然客流量那么重要，那么，店主在选择店面的时候应该如何测定客流量呢？这里有一个简便的方法可以借鉴，那就是巧用便利店测定客流量。24小时便利店的购物发票右下角往往会注明这是当天店里的第几次销售行为，如果在连续3个傍晚的特定时间去该便利店购物，就可以轻松计算出该便利店门口的人流量。如此多考察几个便利店，就能得知当地的客流量，为确定店面选址提供参考。

有了计算客流量的简便方式，还要对影响门店客流量的因素进行分析，而分析的方式一般包括以下两个方面：

1. 门店商圈人口密度

门店商圈人口密度是指在门店所覆盖的商圈范围内单位面积土地上所居住的总人口数量，在很大程度上来说，在门店进行选址时，一定要分析这个重要的指标，以充分考虑门店自身所处的外部环境。

2. 门店商圈覆盖面

门店商圈覆盖面是指来门店的稳定的顾客在门店周围所形成的辐射范围，它可以用以门店为中心，稳定顾客到门店的最远距离为半径来表示。根据门店辐射力度的大小，我们可以将门店商圈分为核心商圈、次核心商圈、一般性商圈，而对门店客流量起着决定因素的是核心商圈和次核心商圈。所以，门店在分析客流量的时候要对这两个商圈覆盖面进行分析，以查找出影响门店客流量的重要决定因素。

对客流量进行分析有利于店面的选址，而选址一旦确定，店主需要做的是为店面增加客流量，而要想增加店面的客流量，就要从以下几个方面入手：

1. 门店在直观上要有吸引力。这指的是门店的外观，以及内部装饰等要吸引顾客，门店门面如果非常破旧，灯光昏暗，卖场乱七八糟，就难以达到形象上的赏心悦目，这样的门店是很难吸引顾客的，更不用说形成客流量。

2. 商品陈列、店面布局要利于顾客购买。如果店铺里的商品配置陈列不合适，顾客进来找不到或者很不容易找到需要的商品，那么是很难留住顾客的，更别想让顾客有再次光顾的念头。所以，店铺商品的布局、陈列应该根据顾客消费习惯、顾客意见等进行布局，让商品放在顾客容易购买的地方。这样才能招徕回头客，并且增加客流量。

3. 员工的服务要精良。直接决定着客流量是否能够形成的是店铺员工对顾客的服务态度，如果店铺内员工的品质差、对商品不熟悉、服务态度不好，就会让店铺丧失顾客，并且会给店铺造成信誉上的打击。所以，店铺要靠精良的服务留住顾客，并依靠精良的服务形成强大的客流量。

4. 店铺的促销活动要做到位。为了获得充足的顾客，店铺在新店开张时的宣传以及定期的一些常规的活动是非常有必要的，并且要把店面广告、POP以及重点商品的推广作为重要的促销手段。唯有促销做到位，店面才能增强客流量。

虽然客流量对于店铺经营来说非常重要，但是并不是说有流量就有好生意，还应该注意客流量泡沫。因为并非客流量大就万事大吉，还需要分析所在区域的价值及人流特征。有的区域人流量非常大，比如王府井地区，每天的客流量也很旺，但是在王府井地区消费的人群中，以外埠客人居多。这部分人群到王府井区域购物，往往首选购买有北京特色的产品，而一般情况下的店铺商品时很难满足顾客需求的。所以，对于开店来说，要注重客流量，同样要注重客流量是否能够转化成购买力，唯有能够转化

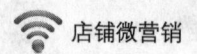

成购买力的客流量对店铺来说才是有价值的。

 ## 店面选址：把口占角占去路，临近交通傍名店

对于店铺来说，要想有充足的客流量，店址就要出色，唯有店址出色，才能保证充足的客流量。对于店铺来说，选址要遵循"把口占角占去路"的原则。

什么是"把口占角"呢？所谓的"把口占角"指的是将店址选在一个十字路口的把角处，这样店铺能让更多路人看到，无形中增加了一定的客流量。具体来说，这样选址的好处具体有哪些呢？

首先是广告效应明显。把店铺放在十字路口把角处有明显的广告效应，两条街4个方向的顾客都很容易注意到店铺的存在。如果在十字路口把角处设置店铺的广告就更容易被发现，即使不设置广告，单单店铺本身就很容易形成广告效应。

其次是方便顾客到达。十字路口的把角处非常方便顾客定位，由于十字路口出行的便利性，对不熟悉道路的顾客有很好的引导作用，而且在十字路口行车到店也比较方便。

再次是放大店面本身优势。无论是在高档小区的十字路口拐角处，还是在普通城市道路的十字路口，店铺本身的优势都能够被放大，两条街上都能有店铺本身的招牌，这无疑能够增大店面的优势。

这就是"把口占角"店面选址的好处，如果不这样选址，会有哪些不足的地方呢？把店面选在空白而平坦的地方有一定的好处，有超高的能见度，也有充足的客流量。不过，如果店面部分临街，或者位于街道一侧

只有狭小的一部分，其能见度远远低于"把口占角"的店铺，如此难免导致一些顾客的流失。"把口占角"的店铺拥有较大的客流量，同时这里也提供较大的橱窗陈列的机会，并可多设出入口，增强了能见度与易接近性。而如果不能在选址上把握住这一点，就很难达到这样的能见度与易接近性。

选址的第二个原则是"占去路"。所谓的"占去路"指的是把店铺设置在学生上学或者上班族上班的路上一侧。这样的店面选址是有一定好处的，虽然这些顾客在上学或者上班的时候没有时间逛店铺，但是在放学或者下班的时候有时间光顾这些小店，这就会为店铺带来客流量。

如果选址不能"把口占角"，也不能"占去路"，那么可以把店铺选在交通便利的地方。理想状态下的店铺应具备接纳各种来客的交通设施，即商铺周边拥有轨道交通、公交车站点，还有停车场。在主要车站的附近，或者在顾客步行不超过20分钟的路程内的街道设店，能保持充足的人流量，有利于店铺的经营。

除此之外，店铺选址还可以"傍名店"。所谓的"傍名店"就是把店铺地址选在著名连锁店或品牌店附近。比如，如果要经营一家餐饮店，那就把店铺开在麦当劳、肯德基等的旁边；如果要开一家服装店，就把店铺开在阿玛尼等的旁边。这样做能够最大限度保持客流量的充足，因为这些著名的品牌在选择店址前已做过大量细致的市场调查，这里有丰富的顾客资源，同时，店铺可以借助这些名店的客流量来经营自己的店铺，通过借助名店的品牌效应来获得充足的客流量。

这就是店铺选址的秘密，一个店铺是否能够经营成功，最大的决定因素就是店铺选址是否合理，选址合理就能有充足的客流量，客流量充足店铺才能有钱可赚。所以身为店主来说，要在店铺选址上下功夫，不能陷入虽然建店却难有顾客登门的尴尬。

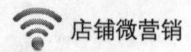
【经典案例解读】

五道口枣糕王：好位置让其"排"名远扬

北京作为首都，美食自然也是融汇了南北精华，丰富而多彩。北京好吃的东西实在太多，有很多需要大排长队才能吃到的美食，然而即使是等上一两个小时，顾客也心甘情愿，就为了品味那舌尖上的诱惑。说起北京"排"名远扬的小吃，确实有很多，而五道口枣糕王就是其中比较著名的一家。

说五道口枣糕王"排"名远扬，一点也不夸张，因为常常可以看到这样的情景：长长的队伍在小小的枣糕王门面前排着，即使是下了小雨也没有人愿意离去。排着长队等着买枣糕是在五道口枣糕王小店前经常可以看到的现象。更有顾客对五道口枣糕王大加赞扬："这里的枣糕王生意是真的是非常火爆的，每次来这里逛街一逛就到下午了，准备买点枣糕回去吃，到站牌那的时候就会看到很多人在那排队等候买枣糕，远远的都会闻到刚出炉的枣糕的味道，香气四溢，非常受欢迎呢，我是不管多少人都会去排队买的。"……

不管是看到的现象还是从顾客们的言论中，都可以看出五道口枣糕王之火。那么，究竟为何一家只有小小门面的枣糕王能够如此之火呢？究其原因，除了这家枣糕店的枣糕口味确实好外，还在于五道口枣糕店有充足的客流量，这与枣糕店的选址是有很大关系的。五道口枣糕店之所以能够有充足的客流量，主要有以下3个方面的决定因素：

首先，五道口枣糕店位于五道口。五道口附近聚集了多所高校，留学生众多，同时这里不但是文化聚集地，也是高科技人才的聚集地，这里有来自全国各地的人，也有来自世界各地的人。也就是说这里有充足的人，这具备了开店的客流因素。同时，对于爱好美食的人来说，五道口是一个

66

好地方。因为来自不同地域、不同国别的美食和谐地融汇在这里，每家店铺都在五道口这块风水宝地上开得红红火火。五道口枣糕就位于五道口这个客流量丰富的地方，并且五道口枣糕店距离清华大学不远，又与网易、搜狐大厦毗邻，如此好的地理位置定然能够有充足的客流量。

其次，五道口枣糕王符合"占去路"的原则。很多在网易、搜狐等企业上班的职场人士下了五道口地铁，或者附近的公交上班时都要经过这家枣糕店，而他们下班的时候也会经过这里，这无疑会促使他们在五道口枣糕店前逗留，这无疑为五道口枣糕王增加了客流量。

再次，五道口枣糕店临近交通点。五道口枣糕王临近的第一个交通点是五道口地铁站，五道口枣糕王距离五道口地铁几百米，大量的人在五道口地铁聚散，无疑能够增加五道口枣糕王的客流量。五道口枣糕王临近的第二个交通点是五道口公交车站，五道口枣糕店就在公交站牌的旁边，很多在此等车的人在闻到枣糕的香味时就会产生购买的欲望。这就增大了五道口枣糕王的客流量。

从中我们不难发现，五道口枣糕王的地理位置是非常优越的，地理位置上的优越，再加上绝佳的味道，这家枣糕店"排"名远扬就是理所当然的事情。

【案例解读】

五道口枣糕王的成功缘于地理位置上的优越，缘于有丰富的客流量。这给店铺经营者的启示是店铺经营成功与否，关键在于选址，而店铺的选址要选在客流量大的地方，因为客流量决定着店铺的利润，决定着店主是否能够赚大钱，而店铺选址要把握把口占角、占去路，临近交通、傍名店的原则，以此来增加店铺的客流量。

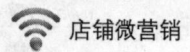

 ## 顾客的秘密：社区开店选址技巧

随着城市化进程的发展，大型居民住宅小区也越来越多，但是相关部门及企业投资建设的配套设施未必能跟得上地产扩张的步伐。这就让很多投资者瞄准了"小区商圈"，甚至社区成了很多投资者掘金的"风水宝地"。

为什么越来越多的投资者倾向于在小区内开店呢？因为社区是隐形的金矿，在小区有充足的客流量。然而，大多数人认为社区没有商业的气息。其实不然。只要是人们生活的聚居区，人流自然就有了基本保证，只要选对了行业，在小区开店，成功的可能性也非常大。既然社区已经成为一个重要的投资地，那么在小区应该经营什么样的小店呢？在社区内开店应选择一些跟人们生活息息相关的行业，并且要尽量选择高利润、低投入、低风险的行业，比如餐饮店、烟酒店、干洗店、诊所、美容保健店、便利店、服装店、家装店等。

为什么在社区开这些店能够取得成功，我们可以拿便利店与小吃店进行说明。

首先是便利店，很多小区附近的居民都知道，如果居住的地方没有一个大商场是非常不方便的，同时有些东西居民不愿意跑到大商场去买，如果社区内有一个便利店的话就会很受居民们欢迎。社区内的便利店面积不用很大，只要售卖一些日常用的东西就可以了。

第二个是小吃店，吃是每个人都避免不了的东西。很多工作的居民一到星期天图省事，就会去外面吃。小吃店恰恰能满足社区居民的这一要求，小吃店只要做到干净卫生，就一定能够受到社区居民们的喜欢。

从中我们不难发现，在社区开店是有一定好处的，至少可以保证稳定的客流量。因为社区意味着社区商业圈。在社区圈周边除了餐饮企业，还有培训机构、商店、公园、剧场、写字楼、学校、幼儿园、医院、银行等。这些代表的是客流量。所以，店铺紧邻社区生意不但不会少，很多时候往往会比挨着商业街更赚钱。

　　在社区或者紧邻社区开店，虽然因为能获得充足的客流量而赚钱，但是在这个地方开店还需要考虑到一些因素，唯有如此，才能让店铺真正走进顾客的心中，深受顾客的喜欢。

　　首先要考虑是什么样的社区，住的人处于什么消费水平和什么年龄。如果是高档社区的话就可以经营一些相对高档一点的店铺；如果社区不够高档，就要考虑控制店铺的档次和规模。

　　其次要考虑到具体的选址。对同一个小区来说，不同位置的店铺，生意往往出现很大的差距。这就说明店铺的选址很重要。相对来说，靠近小区出口的店铺经营状况比位于小区较偏区域的店铺要好得多。除此之外，在临街的半开放式小区开店比在不临街的封闭式小区开店，人流量要多得多，生意也会因此而好很多。所以，在选址的时候，要选择人员密集，人流量大的区域。

　　再次要考虑到居民的习惯。在社区附近开店要考虑临近社区居民的习惯，因为不同地区的人生活习惯是不同的，比如吃饭，南方人喜欢吃米饭，而北方人喜欢吃面条。所以，如果要开小吃店的话就要考虑到这一点，如果在一个南方人居住的社区卖面，肯定是很难获得欢迎的。这就是说不同地区的消费习惯有很大区别，居民有不同的饮食、消费等地域性习惯。如果在开店前没有搞清居民的地域性习惯，那么很有可能会出现客流量很大却没有人进店的局面。

　　最后还要做到自己的店铺与众不同。在社区附近开店最忌讳的是同质

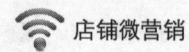
化严重，如果在一个社区里便利店、日杂店等太多，无疑会增加竞争，如此就会给店铺的经营造成压力。所以，在小区开店有利有弊，客源虽然稳定，但是对于经营者来说压力也很大，应该避免开同样的店，尽量做到差异化。

在社区附近开店，除了要考虑一些因素外，还要注意一些事项。

首先，选择社区店既要考虑社区当前的商圈发展，同时还要考虑到社区未来的发展情况。很多时候在社区开店，需要保持长久，时间越长久店铺的盈利才越大，所以店主要对社区的未来发展趋势做出判断，要预知社区的发展，并为这种社区未来的发展变化做好应对的准备。

其次，要做到了解自己的竞争对手。在社区开店，要对竞争对手做出了解，比如说同价位店铺、同品牌店铺、同消费地域的店铺的情况，并把它们整理成数据，依靠数据分析来了解竞争对手的情况，从而做出相应的对策。

再次，要依靠数据对市场进行分析。这些数据包括店铺产品在该社区的需求量、社区消费者的消费水平、消费人流量、社区人口流动性等，依靠这些数据来判断自己店铺的市场前景，并对店铺做出改变，使其更加符合社区居民的需求。

 ## 依靠"免费"吸引顾客

现代，互联网企业遇到了收费即死的困境，要想更好地存活，就要探寻免费的盈利模式。从中我们可以看出免费对互联网行业发展所起的重要作用，也正是因为免费对互联网行业有着非常大的促进作用，所以，很

多互联网企业依靠免费的方式获得了成功，比如谷歌，谷歌一直崇尚免费策略，推出免费的图书馆资料检索、照片管理、地图、邮箱、办公软件等服务，最终成为全世界最大的互联网公司。这就说明，互联网企业靠成功的免费模式是可以赚到钱的，也是可以做强做大的。实质上，免费更多起到的是营销推广的作用，正如周鸿祎所说："我认为免费是最好的营销手段，因为它不需要花很多的广告去做推广，本身就能形成口碑。"

对于互联网行业来说，实施免费的手段是为了更好地收费，互联网时代免费带来的好处给现代店铺经营者提供了一种借鉴，店铺在经营的过程中也可以依靠免费来实现更好地收费。互联网企业要想做大做强，就要有雄厚的用户基础，吸引用户仅仅靠广告是很难达到理想效果的，唯有以免费的模式来做产品，才能收到事半功倍的效果。但是互联网行业的免费不是完全免费，要在基础服务上免费，在增值服务上收费，以此来实现企业的盈利。经营店铺的免费原理同样是如此，免费只是小部分免费，通过小部分免费来吸引顾客，从而实现更大范围上的收费。

比如，要开一家电动车专卖店，店主可以通过免费试驾的方式来吸引顾客，从而给顾客良好的购买体验，刺激他们的消费欲；开一家美容店，同样可以依靠这种免费的方式来吸引顾客，美容院附近有几家大的写字楼和政府办公机关，许多公务员和公司白领每天从美容院门口路过。为了吸引他们，美容院可以在店门口摆出一台皮肤测试仪，推出免费义诊服务。这就能达到拦截吸引顾客的目的，最终实现顾客在美容店的消费行为；如果是开一家理发店，可以推出长期的家庭卡，可以选择在开业期间办卡送一张全家福合影，男士可享受理发和修面，女士可享受理发和敷脸，小朋友理发免费。还可以推出会员卡，办会员卡即送"顾客盘发造型+精美发饰装饰"教程，为办会员卡的顾客给予一定程度的免费服务。除此之外，还可以送免费体验卡，依靠体验卡来拓展客源；如果经营的是一家饭店，

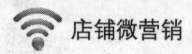

同样可以采用免费的方式来吸引顾客。比如，免费的餐前菜，免费的饮品，免费的餐具赠送，等等。这些免费的东西会给食客带来美好的用餐体验，从而会刺激他们消费的欲望，这就能够实现更好地收费。

从中我们不难发现，店铺要想实现更好地收费，就要依靠免费来实现更多的收费，免费对店铺带来的好处是起到推广营销的效果，对于店铺经营来说，免费在整个营销过程中，担当的是吸引顾客的角色。互联网经济是用户经济，互联网企业唯有用户够多才能赚钱，而免费是最能吸引用户的手段。对于店铺经营来说同样是如此，由于财力所限，店铺要想靠打广告做营销推广是一件非常困难的事情，即使是财力大的店铺靠打广告进行营销也是非常困难的，这就像周鸿祎所说："1 000万元在中国打一个广告连个响儿也没有，还不如给几千万用户做一个免费的产品。这几千万用户用了产品，就建立了对品牌的认知、忠诚、信任，这比广告有效得多。"从中我们不难发现免费对于店铺推广营销的重要作用，有了合适的推广营销策略，就有了充足的客流量，赚钱的目的就能最大限度地实现。

【经典案例解读】
五道口西少爷肉夹馍：IT男的滚滚财源路

一篇《我为什么要辞职去卖肉夹馍》的文章在微信朋友圈里疯传，这篇文章讲述的是一个IT男从名校毕业后在北京著名互联网公司做"码农"，后因感觉工作枯燥，也因吃不上家乡正宗的肉夹馍，最终选择辞职创业开店的故事。这个店就是最近比较火的西少爷肉夹馍店。这篇文章出现以后，很多网友纷纷猜测西少爷是谁的名字，其实西少爷不是一个人，而是一群人，西少爷是由奇点兄弟控股的中餐连锁品牌，由数十名热爱西安美食的互联网、金融等领域从业者发起，因为创办者和产品都与西安有关，所以起名"西少爷"。五道口"西少爷肉夹馍"是由4名西安交大毕业的学生共同打造的，店主是孟兵。

"西少爷肉夹馍店"位于五道口清华科技园旁边，这家店铺墙面是木制的，有着醒目的红色招牌，面积还不足10平方米。"西少爷肉夹馍"的火爆是出人意料的，百度指数显示"西少爷"肉夹馍一周时间关注度直线飙升1 000%；每天下午店门口都会排起百人长队，甚至有顾客专程从济南坐高铁来这里排队购买。

一个还不到十平方米的小店竟然一时间这么火，这不得不说是一个奇迹。这个奇迹的发生主要缘于4个从事IT行业的经营者用互联网思维来打造自己的肉夹馍店。其中最主要的一点是对用户体验的极致追求。正如孟兵所说："很多行业追求的是用户满意度，但我们追求的是用户尖叫度，就是产品一定要超越大家的预期。"为了达到这样的效果，西少爷做肉夹馍是不惜成本的，比如纸袋选用的都是进口材料，这种材料制成的塑料袋比一般塑料袋的成本高10倍，之所以选择这样的袋子，是因为这种材料制成的袋子防油而且透气，能够最大限度保持肉夹馍外皮酥脆的口感。对于这一点，孟兵给出的说法是："我反复对团队说，我们要抛弃穷人思维，不要怕花钱，其实直觉上的很多东西都是错的，比如，大部分人觉得买纸巾、买袋子便宜个一两毛钱都差不多，但我们就买最好的，不惜一切代价搞好产品。"

西少爷肉夹馍之所以这么火，除了在产品上做得好外，还跟充足的客流量有关，而这种充足的客流量一部分来自西少爷肉夹馍的免费策略。西少爷的免费策略体现在3个方面：第一个方面是开业免费吃。西少爷在第一天早上送出1 200个肉夹馍，能领这些肉夹馍的人必须是网易、搜狐、谷歌、百度、腾讯、阿里的员工，这个促销条件决定了用1 200个肉夹馍所换来用户的质量，这些人都是在周边工作的人，这些人能够实现重复消费。

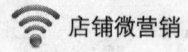

同时西少爷还规定每个人只送一个，这就保证了用户的数量。第二个方面是分享点赞免费送。顾客如果把《我为什么要辞职去卖肉夹馍》的文章分享到微信"朋友圈"获得一个点"赞"也可获得一份免单。第三个方面是免费赠送礼品，比如一个来买肉夹馍的阿姨喜欢店里做装饰的兵马俑公仔，西少爷就直接赠送；对两个特意从济南"打高铁"来吃肉夹馍的人赠送他们的小礼物。除此之外，在西少爷吃完肉夹馍后可免费索取口香糖，渴了还免费提供矿泉水……

正是依靠这些免费的策略，西少爷积累了越来越多的顾客，IT男的滚滚财源路也由此打开。

【案例解读】

西少爷获得客流量的方式一部分源于它的免费策略，这就告诉店铺经营者，要想获得充足的客流量，就要运用一些免费策略，对于店铺来说，免费才能实现更好的收费。通过免费，能为顾客打造良好的用餐体验，从而刺激顾客消费的欲望，并且培养出忠实的顾客。

第五章 用极致思维来经营店铺

 大道至简：互联网时代店铺产品打造战略

互联网时代，简约成了重要的商业逻辑。所谓简约思维，用一句老话就能概括：一切从简。也就是说，大道至简已经成为一种典型的产品战略。为什么在互联网时代要奉行这种"大道至简"的产品打造战略？因为复杂的功能只会加重用户的学习成本，用户需要的是用极简的功能就能满足自己的核心需求。关于这一点，我们可以先从互联网行业进行说明。

比如谷歌，谷歌在产品设计的简约上做得非常好。谷歌奉行典型的简单主义，它从不追求视觉上的冲击性，虽然外表简单，但是实用有效的服务能为用户提供良好的使用体验。这也是谷歌能够受到广大用户喜欢的重要原因。再比如金山网络，金山网络也一直致力于为用户打造尽可能简单的产品，猎豹浏览器就是其中的典型。在打造猎豹浏览器的时候，金山网络在界面元素上下功夫，尽可能地让界面元素少，给用户以简洁的感觉。

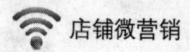

从中我们不难看出，对于互联网行业来说，简约的产品打造战略是能够受到用户的喜欢的。这也给互联网时代店铺产品的打造提供了借鉴，互联网时代店铺要想赚钱，就要奉行这种"大道至简"的产品打造战略。

互联网时代，店铺O2O对于开店有很大推动作用，而店铺O2O要从产品开始。那么最明智的产品打造方式是什么呢？是简约。比如开一家餐馆，开餐馆最重要的是赚钱，赚钱来自深受用户喜欢的菜品。如果菜品能够在精致上下功夫，那么就能为食客带来美好的用餐体验，互联网时代是用户体验至上的时代。而要为食客打造这种绝佳的用餐体验，不能依靠菜品的丰富多样，而是要依靠少而精的产品打造战略，如果能把菜品做得像艺术品一样，那么即使再少的菜品也能深受食客的喜欢。

开店追求"大道至简"的产品打造战略不仅仅体现在开餐馆上，还体现在艺术品店上，艺术品店对产品简约性要求更为明显，艺术品中要追求精简到不可再精简的绝对境界，不少产品结构几乎完全暴露，但是正因为如此产品才更显得高贵、雅致，而顾客看到这样的产品往往有非常愉悦的感受，那么购买就成了水到渠成的事情。

在开服装店上也要做到简约，对于一般的服装店铺来说，店面是非常小的，要想依靠如此小的店面获得较大的利润，就要在服装本身上下功夫，要经营少而精的服装品牌，而不是在服装数量上盲目求多，唯有如此，才能依靠有限面积的店铺获得相对较高的利润。

其实，追求简约的产品打造方式还体现在各种行业的店铺上，这种产品打造方式之所以这么重要，是因为不管是用户需求还是顺应时代，大道至简都是一种比较明智的产品设计方式，而要做到大道至简，店铺经营者就要抛弃与产品主要功能无关的东西。很多产品在最开始打造的时候都是基于一种功能，然而，为了迎合时代的需求，很多附加功能会被不停增加进来，这种功能添加的初衷是好的，是为了给顾客打造更好的使用体验。

然而，更多的时候顾客需要的是能够满足自己需要的产品，而不是功能复杂的产品。所以，店铺在经营自身的产品时，要抛弃与主要功能无关的东西，真正做到简约。

这就是说在店铺产品设计上要做到大道至简，要有针对性地做出定位明确的产品。同时在功能设计上尽量简单明确，专注于最精细化的部分，避免做大做复杂，这样进行店铺产品的打造，才能让产品受到顾客的喜欢。

【经典案例解读】

无印良品：简约思维下的百亿元销售奇迹

无印良品（Muji）是日本知名品牌，产品类别以日常用品为主。产品注重纯朴、简洁、环保、以人为本等理念，在包装与产品设计上皆无品牌标志。产品类别从铅笔、笔记本、食品到厨房的基本用具应有尽有，并且开始渗透到房屋建筑、花店、咖啡店等产业。"无印良品"又称"简约无华"，简约无华正是日本品牌无印良品"致力于提倡简约、自然、富质感的生活哲学"的精神真谛。"无印"在日文中是没有花纹的意思，Muji"无印"意为"No Brand"（无品牌），然而靠着它的无华简朴及还原商品本质的手法。无印良品的设计理念、美学主张、素材选择等，已经超脱商品品牌的局限，成为一种生活方式的代名词。正是依靠这种简约追求，低调的无印良品反而成为闻名世界的大品牌。

无印良品无疑是成功的，它创下了百亿元的销售奇迹。而无印良品之所以能够创造百亿元的销售奇迹，很大一部分原因是无印良品在产品打造的过程中一直奉行简约思维。无印良品的简约思维首先体现在产品的包装上，在品牌包装上无印良品崇尚"删繁就简、去除浮华、直逼本质、以

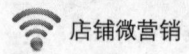

人为本"的设计理念和设计风格，简洁、舒适、充满人文的设计是商品包装最终要追求的目标。无印良品在包装上不讲究外包装，强调以商品本色示人，不做过分的包装修饰，多采用有统一性的、简洁的打包出售方式，既简洁商品又节省地球资源，真正做到价廉物美、简洁环保。在产品的设计上，无印良品非常注重简约，无印良品产品的设计艺术总监立足日本本土文化，赋予无印良品"空"（"EMPTINESS"）的设计理念，并且希望能够将这个设计理念传播出去。在包装上，其样式也多采用透明和半透明，尽量从简。由于对环保再生材料的重视和将包装简化到最基本状态，无印良品也赢得了环境保护主义者的拥护。

如今，无印良品已经有超过7 000种产品。从产品设计到海报宣传，都没有太多的语言。无印良品为消费者呈现出的是将过剩的设计彻底省略。设计大师原研哉赋予无印良品这样的设计理念，初衷就是为了"通过尽可能简单的设计，创造出适用于各种生活环境及任何人群的东西，让18岁的小单身和60多岁的老夫妇都觉得'这个挺好'"。在原研哉看来，这就是无印良品的质量。

无印良品产品的设计是非常简约的，甚至可以用极简进行说明。在产品的设计上，无印良品同样奉行这种简约思维。无印良品的产品拿掉了商标，省去了不必要的设计，去除了一切不必要的加工和颜色，简单到只剩下素材和功能本身。从服装的设计上，我们可以看出无印良品在简约上的努力，无印良品的服装类产品设计要严格遵守无花纹、格纹、条纹等设计原则，颜色上只使用黑白相间、褐色、蓝色等，这种设计方式从来不会因为当年的流行色而改变，同时设计的原则也从来不会发生改变。在无印良品专卖店里，除了红色的"MUJI"方框，顾客几乎看不到任何鲜艳的颜色，大多数产品的主色调都是白色、米色、蓝色或黑色。除了店面招牌和纸袋上的标志之外，在所有无印良品商品上，顾客很难找到其品牌标记。

顾客如果走进无印良品专卖店，仔细观赏、把玩每件产品，就会发现所有的产品都有共同的特征：材料质朴而天然，手感极佳，产品的任何元素都是以功能为导向的，绝无浮华无用的设计。这样的产品实在是让人爱不释手，不论是粗糙的牛皮纸笔记本、简洁易用的半透明白塑料整理箱，还是凹凸有致的粗棉线毛巾，等等。都符合无印良品简约的设计理念。也正是这种简约的设计理念，让无印良品有了百亿元的销售神话。

　　【案例解读】

　　无印良品崇尚简约的产品设计法则告诉店铺经营者，在互联网时代，如果想让自己的店铺赚钱，就要遵循简约的产品设计法则，大道至简不仅仅在互联网行业起作用，对于店铺经营来说同样起作用，而要做到极简，这种极致思维下打造的产品能够深受顾客的喜欢，从而实现盈利。

 ## 店铺设计如何做"减法"

　　除了在产品设计方面做减法外，在店铺设计上同样要做减法。环境优雅，设计独特的店面不但能够吸引顾客的目光，为顾客提供舒适的购物环境，同时也能体现商家的匠心与品牌的格调，店面设计要始终以"少即是多"为主题，向顾客呈现出如何用最简洁的语言来实现最注目的效果。

　　店铺设计为什么要做"减法设计"？ "减法设计"的最终目的是增大居室面积、节省装修开支、减少自然资源的消耗、减少污染、回归自然等，这么多的好处，其价值无法估量，对于一般的店铺来说，在设计的时候更要重视这种"减法设计"，这对增加小店面的视觉面积，节省装修费

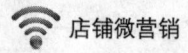

用是有很大好处的。

生活中，很多店大都在疯狂地做加法，商品挤得放不下，过道窄得过不去人，吊挂多得看不到半点墙体，就连DM海报上的商品都稠密得像一张网，没有半点余地。这种疯狂做加法的做法缘于太想表达自己了，太想让自己的店铺看起来有味道，然而这些店主想不到的是越是复杂的店面设计，越会给顾客带来不舒服的感觉。而简洁的店面设计能给顾客带来赏心悦目的感觉，这样就能提高顾客在店内的留存率。

虽然说店铺设计要做减法，要尽量做到简洁，这里的简洁并不是说要简单。在设计领域，"简洁"和"简单"，虽然只有一字之差，但是两个不同的概念。简洁是可以被看到的，可以呈现到界面上，而简单则是难以被看到的，更多贯穿在设计思想当中。而在店铺的设计中，要做到的是"简洁"而不是"简单"，而要做到这一点就要在店铺设计时做"减法"。在店铺设计做减法的店面中，无印良品的店是最具代表性的店。

无印良品店的商品展示恰到好处，不多也不少，有的货架还有留白，让眼睛可以轻喘一口气；在无印良品店内看不到一张宣传纸吊挂，过道也仅是过道。顾客在无印良品店里逛，前行的路上几乎不会遇到障碍。正是因为这些在店面上做出的减法，无印良品的店总是能给顾客以赏心悦目的感觉，这无疑能够增加顾客在店内逗留的时间，成交量也会因此得到提升。从无印良品的店面我们不难发现，无印良品的店面是与很多其他店铺不同的，当大多数的店主希望将自己的店铺装修得更加美观大气，喜迎顾客购买产品，都在努力做加法设计时，无印良品却在做减法，并且把这种减法运用到了极致。而在店铺的设计上，最明智的做法就是做减法，很多时候，画龙点睛只需一笔，过多的装饰反而是画蛇添足。所以说，店铺装修并不是越豪华越好，只要尽力做到简洁、明了、美观、时尚即可。

既然做减法对店铺设计那么重要，那么具体应该如何做到做减法呢？

这种做减法可以借鉴著名设计师梁志天的理念："我在设计中所用的是减法，一切不必要的装饰都减去……如果真要给'减法设计'下个定义，就是将原先那些凹凸不齐的边角结构归整齐，甚至推倒那些无关紧要的非承重墙，用几何形来进行统一、概括，以求得室内的平正、整体、大气。"也就是说在进行店铺设计的时候要一切为空间的通透着想，超越原店铺的局限，做出大幅面的采光效果。具体来说，店铺设计要做减法，就要从以下几个方面入手：

首先是减线条。在店铺设计的过程中，一定要减除多余的线条，减线条并不是说一定要保持直线的造型，而是说要减少那些没有相互关系的造型。减线条最简单的手法就是保持直线造型，既现代又明朗，再从材质和颜色上去弱化较硬的感觉。之所以这样做，是因为对于面积不大的店来说，保持这种直线造型可以让面积不大的店面保持统一协调的风格，使小店看起来在面积上有一种扩充感。

其次是减色彩。在店铺设计中，色彩过多会给人杂乱的感觉，在色彩上做减法可以减去突兀的旁色或者分散注意力的杂色。所以在进行店铺设计的时候可以采取无彩色系、单色系或者协调色系，对于一家小的店铺来说，专注于黑白的无彩色系是一种明智的做法。

再次是减高度。对于店铺设计来说，减高度能够保持店铺空间的舒畅性。而要想做好减高度，就要尽量将头顶以上的东西减少，比如，过高的商品陈设柜，如果不减少，就会给顾客带来拥挤和沉重的感觉。所以，在进行店铺设计时要尽量减少头顶以上的东西，以给顾客增加舒适轻松的感觉。

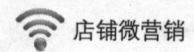

 ## 极致就是要在服务上让顾客尖叫

昨天卖产品，今天卖服务，让你的客户尖叫，这就是典型的互联网思维。卖产品只能得到数量有限的顾客，而卖服务则能为店铺培养一大批忠实的粉丝。所以说，在互联网时代开店要做到在服务上让顾客尖叫，这样才能为店铺带来数目可观的顾客。

对于店铺经营者来说，要始终把做好服务作为店铺经营的一个重要方面。其实，把店铺的服务做好并不是困难的事情。很多时候，一句"您好"，一个笑脸，这看似简单的一个招呼，就能体现出对顾客的尊重。而顾客看见店内营业员的笑脸，也会感觉到如沐春风般的舒畅。这当然是店铺最起码应该做到的服务，而要想在服务上真正做到极致，店家应该做的是站在买家的角度来考虑问题，也就是所谓的换位思考。每个人都渴望得到尊重，顾客更是如此，店铺要做到对顾客倍加礼遇，这样才能让顾客产生被尊重的感觉，如此购买行为的发生就自然而然了。

顾客在店铺内购买产品的过程中，难免会因为愿望不能得到满足而与店铺工作人员产生矛盾，在顾客的愿望不能得到满足时，工作人员尽量不要一口直接回绝，而是要委婉地告诉他为什么不可以，并表示希望得到他的谅解。要想客人所想，急客人所急，唯有如此，才能以真心来换取客人的信任，并为店铺赢得口碑。

当然在经营店铺的过程中，仅仅是做到尊重顾客是不行的，要想卖服务，就要在服务上做到极致，要在服务上让顾客尖叫。所谓的让顾客尖叫，就是在服务上要让顾客意想不到。

如果开的是一家酒店，就要为顾客打造个性化的服务，个性化服务就是满足不同客人合理的个别需求，酒店的客人来自五湖四海，每个人都有各自的生活习惯和喜好，能提供即时、灵活、体贴入微的服务，则对于酒店的发展具有非常大吸引力。而具体的做法可以是给来过10次以上的客人睡衣上绣上客人的名字，以备专用；在客房的信封、信纸上面烫金，打上客人的名字；为带小孩的家庭提供婴幼儿看护服务；设立非吸烟楼层；为客人提供不同软硬的枕头；根据客人对室温的要求调节空调的温度等。这些做法都是个性化服务的具体表现。

如果经营的是一家卖鞋的网店，可以专门设立一个客户体验部门，要求这个部门的工作人员，不能光站在网站立场，而是要站在买家立场上来考虑客户利益。比如，客服每次接电话需不需要限制时间。这个部门的意见就是不限制，要一直到接到客户放下电话为止。比如Zappos鞋店网站规定每一个客服，在顾客询问某个款式的鞋有没有货，而Zappos又恰恰没有货的时候，要至少介绍3家有这个款式的网店。这样做固然会给竞争者带去生意，但是客户的利益得到了满足，Zappos给客户的是一种伟大的感觉，这也成就了Zappos，"上网购鞋首先上Zappos"成为美国人的口号。

如果经营的是一家汽车4S店，那么可以设置专属服务，比如当需要维修保养的顾客进入门口时，自动识别系统就会分析是哪位车主到店，专属服务顾问会在车主把车停好之前，在维修保养区的大厅门口等候迎接。再比如为客户提供15公里免费取送车、工时费8折、本地区免费救援、报销50元出租车费等服务。这样就能为客户提供超出期待的服务，让客户产生愉悦的感觉。

如果经营的是一家家具店，可以为顾客提供"先行赔付""一个月无理由退换货""送货安装零延迟"等服务，这些服务能够为自己的店铺带来充足的客源，在提高服务的标准和水平的同时，最大限度地获取利润。

不管是任何一个行业，在开店的过程中都要根据不同的行业特点来制

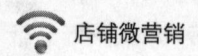

定与众不同的服务制度，并且这种服务要是能够让顾客尖叫的，这样才能为店铺最大限度地争取顾客资源，并把顾客资源转化成现实利润。

【经典案例解读】
海底捞：人类已不能阻止海底捞

海底捞创建于1994年，是一家以经营川味火锅为主，融各地火锅特色于一体的大型跨省直营餐饮民营企业。在餐饮行业中，海底捞无疑是最为成功的，现今它的分店已经开到简阳、北京、上海、沈阳、天津、石家庄、西安、郑州、南京、广州、深圳、合肥、武汉等城市。海底捞之所以能够发展得这么快，这么强大，最重要的是海底捞做到极致的服务，这种极致甚至可以说是"变态"的，然而正是这种极致到近乎"变态"的服务成就了海底捞。

海底捞始终秉承"服务至上、顾客至上"的理念，以创新为核心，改变传统的标准化、单一化的服务，提倡个性化的特色服务，致力于为顾客提供愉悦的用餐服务。海底捞的服务是顾客们想不到的，它甚至完全颠覆了人们对于餐饮企业服务的所有认识。

每一家海底捞门店都有专门的泊车服务生，主动代客泊车，停放妥当后将钥匙交给客人，等到客人结账时，泊车服务生会主动询问："是否需要帮忙提车？"如果客人需要，立即提车到店门前，客人只需要在店前稍作等待。如果顾客把用餐的时间定在周一到周五中午的话，还能享受到免费擦车的服务。在晚餐时间，北京任何一家海底捞的等候区里都可以看到如下的景象：大屏幕上不断打出最新的座位信息，几十位排号的顾客吃着水果，喝着饮料，享受店内提供的免费上网、擦皮鞋和美甲服务，如果是一帮子朋友在等待，服务员还会拿出扑克牌和跳棋供你打发时间，减轻等待的焦躁。待客人坐定点餐的时候，围裙、热毛巾会被一一奉送到眼前。戴眼镜的客人则会得到擦镜布，以免热气模糊镜片；服务员还会细心地为长发的女士递上皮筋和发夹，以免头发垂落到食物里；服务员看到顾客把手机放在台面上，会不声不响地拿来小塑料袋装好，以防油腻。如果顾客点的菜太多，服务员会善意地提醒他们已经够吃，并且会建议顾客点半份。除此之外，如果顾客带了小孩，服务员还会帮你喂孩子吃饭，陪他们在儿童天地做游戏；每隔15分钟，服务员会主动更换顾客面前的热毛巾；为了消除异味，海底捞还在卫生间中准备了牙膏、牙刷，甚至护肤品。餐后，服务员会马上送上口香糖，一路上所有服务员都会向顾客微笑道别。

　　这就是我们经常可以感受到的海底捞的服务，海底捞的服务会应顾客不同需求而做出改变，这才是海底捞的服务被冠以"变态"的真正原因。有一个事例可以说明海底捞满足顾客不同需求的做法。

　　有一次，海底捞的一位服务员为一对刚刚恋爱的客人服务，服务员看出男孩在拼命追女孩。在用餐的过程中，女孩说："天真热，要是能吃凉糕多好。"服务员在听到女孩的话后，立刻向领导报告，由于海底捞自己并不供应凉糕，海底捞的领导并没有因为惧怕"浪费"宝贵的服务时间，增加成本而拒绝，而是立即让服务员打出租车去给这个女孩买回凉糕。海底捞的服务让女孩非常吃惊，也让她非常感动，在感动的同时，也对男孩子倍增好感。后来，这两位顾客结婚时，专门给海底捞送去了喜糖以示感谢。

　　从这个案例中我们可以看出海底捞的服务是多么的优良，而这样的服务是远远超出顾客预期的，也是能让顾客为之尖叫的。海底捞的服务就是这样极致，顾客从开始靠近海底捞餐厅一直到结账离开，各个环节都体现出海底捞为顾客提供的细致入微、动人心扉的贴心服务。正是因为这些服务，大多数人一提到海底捞，不是想到"火锅"，而是"服务"。更有网

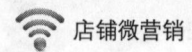

友开玩笑说，只要是地球人都阻挡不了海底捞的服务。好的服务是用心，正是这种用心把服务做到极致的态度，让海底捞这个充满激情的团队，在竞争激烈的餐饮业做出了出色的业绩。

【案例解读】

海底捞的"变态"式服务告诉店铺经营者，要想通过开店获得利润，就要把自身的服务做到极致，做到让顾客尖叫。互联网时代，顾客越来越注重购物的体验，这种体验甚至会超越产品本身，如果店铺能在服务上做到让顾客尖叫，就能最大限度留住顾客，并获得较大的利润。

 把细节做到极致就是成功

互联网时代开店要把细节做到极致，唯有把细节做到极致才能获得开店的成功。而这种把细节做到极致体现在产品与店铺两个方面。

开店首先要在产品打造上把细节做到极致。对于店铺经营者，要对产品的细节进行精益求精的雕刻，要用敬业的态度来一步步完善自己的产品。对于店铺来说，要想获得利润，必须确保每一款产品都是精挑细选，每一个细节都不放过，并对它进行完美处理，比如在产品的角度方面做出处理，比如对产品的色彩进行考究，再比如对产品的每一个细微之处的瑕疵进行完善，以给人带来赏心悦目的感受。总之，要想让产品受到顾客的喜欢，就要把细节方面的问题做到完善。

在日益激烈的市场竞争中，店铺要想在激烈的竞争中赚大钱，不但要把产品打造的细节做到极致，还要把产品的卖点做到极致。而要把这种卖

点做到极致，就要对产品实施差异化定位。而要实现这种差异化，首先就要在原料方面做到差异化，比如同样是矿泉水，依云矿泉水是世界上最昂贵的矿泉水，这主要是因为原料上的差异化，依云矿泉水都来自阿尔卑斯山头的千年积雪，然后经过15年缓慢渗透，由天然过滤和冰川砂层的矿化而最终形成。大自然赋予的绝世脱俗的尊贵，也让依云水成为纯净、生命和典雅的象征，这种原料上的差异化能够带来产品销售的成功。其次要在制作工艺方面体现差异化。制作工艺方面的差异化同样能够带来产品的成功。比如真功夫，真功夫快餐挖掘传统烹饪的精髓，利用高科技手段研制出"电脑程控蒸汽柜"，为了形成与美式快餐完全不同的品牌定位，真功夫打出了"坚决不做油炸食品"的大旗，从而与洋快餐的"烤、炸"工艺有所差异，而这种差异化也是真功夫得以成功的重要原因。

在产品细节上做到极致，能给顾客打造绝佳的使用体验，这就能让店铺的产品深受顾客的好评，好评不管是对现实中的店铺，还是对网店来说都是非常重要的，这是形成店铺口碑的基础，能为店铺带来更多的顾客。

除了在产品细节上做到极致外，还要在店铺设置的细节上做到极致。

首先，要处理好味道。众所周知，如果一家店铺存在很难闻的味道，自然会吓走顾客，这就需要对店铺装修细节进行仔细的处理，比如地面的颜料或者胶都要好好处理一下。同时要善于利用空气清新剂等来增加店内的香味，要注意的是这种香味必须是能给顾客身心带来愉悦感觉的，这样才能留住顾客。

其次，门头要与门面结合得合理。门面的外观基本上确定了一个店铺的风格定位，而门头字体的选择也在一定程度上决定了店铺的档次，店铺要想给顾客带来美好感受，就要使门头与门面进行合理的结合。店铺门头字体没有必要使用繁复字，最好用简体，因为简体符合大众的认知逻辑，并且还容易让顾客记住。除了字体外，门头字的颜色和门面外观的颜色要

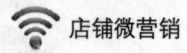

做到合理的搭配。

店铺要想在细节上做到极致，并不是一件简单的事情，关键是店主要知道哪些细节是必须要关注的，如果单靠店主自己或者店铺的工作人员来想这些细节则是比较困难的。最简便的方式就是倾听顾客的心声，从顾客的建议中探知哪些细节的地方需要改进。要重视顾客的投诉与抱怨，因为顾客的投诉与抱怨中往往隐藏着店铺应该注意的小问题，能够让自己发现自己的店存在的问题，店铺通过解决这些问题，就能提高产品及服务质量。注重这些细节，不但能够提升店铺的实力，还能最大限度地留住自己的顾客，因为对企业投诉或抱怨的顾客中，大部分是忠诚的顾客，他们抱怨是因为对该品牌有一定的感情，并希望其能够越来越好。店铺如果能够合理解决这些问题，那么这些顾客就会有种被重视的感觉，他们就会对店铺更加的忠诚。

第二篇

互联网时代店铺营销战略

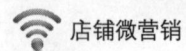

第六章　微信、微博：引爆滚滚财源

 店铺怎样利用微信做宣传

　　互联网的飞速发展，带来的是自媒体平台的不断发展壮大，它们也逐渐成为很多企业进行营销的工具，而微信是众多营销工具中效果比较显著的一个。互联网在不断发展，微信的功能也在不断完善，而这些逐步完善的功能为营销提供了更多手段，发信息、发图片、发语音等手段，特别是"查找附近的人""扫一扫""自定义菜单"等新功能背后都蕴藏着巨大的商业机会。而店铺也可以利用微信进行营销宣传，以此来轻松撬动店铺财源。

　　店铺利用微信进行营销的方式有很多，具体可以根据微信的不同功能来进行，以此来达到赚钱的目的。利用微信进行店铺推广包括以下7种方式：

　　1.漂流瓶

微信漂流瓶主要包括两方面，第一个是"扔一个"，在这个方面用户可以选择发布语音或者文字然后投入大海中，如果有其他用户"捞"到则可以展开对话；第二个是"捡一个"，用户通过"捡一个"可以"捞"瓶子，"捞"到瓶子后就可以和对方展开对话。利用微信漂流瓶进行营销是有很大好处的，内容可以随意组织，而且由于漂流瓶是中国使用人数最多的聊天软件之一，所以有很高的用户质量，并且各行各业的人都有，这无疑对企业或者企业营销的推广能够起到很大的推动作用。店铺通过微信漂流瓶功能，更容易把信息发给有可能成为潜在客户的陌生人，这样就能减少销售广告的成本。所以，店铺在利用这一功能进行店铺营销时，把店铺的广告内容或者店铺的链接发送出去，就能起到相应的营销效果。

2. 摇一摇

微信摇一摇是微信推出的一个随机交友应用，通过摇手机或点击按钮模拟摇一摇，可以匹配到同一时段触发该功能的微信用户，从而增加用户间的互动和微信黏度。对于店铺来说，通过摇一摇功能可以摇出新客户，同时通过微信摇一摇功能还可以增加店铺的曝光率，这主要是因为摇一摇有很大的随机性，只要是和店铺在同一时刻摇手机的用户就能看到店铺的消息，如此，店铺要宣传的广告信息也能同时被宣传出去。

3. 扫一扫

微信中有一项特殊的功能——扫一扫，可以扫二维码、条码、封面、街景及翻译。微信扫一扫的功能是非常强大的，为营销提供了很大的便利。对于店铺来说，扫一扫二维码已经成为众多店铺进行营销的重要方式。对于店铺来说，用户通过扫一扫功能就能发现店铺，并且成为店铺的潜在客户。对于店铺经营者来说，扫一扫可以扫出新商机。所以，作为店铺经营者要充分利用好这一功能来做好营销。

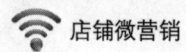

4. 朋友圈

微信朋友圈是一个由熟人、半熟人组成的关系圈，是现实社交在网络世界的延伸，也是个人获取信息的重要渠道。在朋友圈中，有同学、家人、亲戚、同事，大家共同组成一个规模不等的圈子。人们喜欢在朋友圈上晒晒自己的见闻，分享生活的感悟等，虽然用户耗费在朋友圈上的时间越来越多，但是乐此不疲。微信朋友圈在当下已经成为一种营销的利器，因为朋友圈的信息曝光率是非常高的，店铺在朋友圈发一条消息，基本上会被80%以上的人看到。而在互动方面朋友圈营销也非常强。所以，从店铺产品推广的角度讲，微信朋友圈的效果是非常明显的，这种效果之高甚至强于QQ空间。正是因为有如此大的推广营销效果，所以店铺要充分利用朋友圈发布店铺产品信息、优惠活动等信息。

5. 查找附近的人

"查找附近的人"是微信推出的LBS社交功能，通过这个功能，用户可以查找附近使用微信的用户。通过"查找附近的人"这项功能，可以查知查找到的用户的姓名等基本信息，以及用户签名档的内容。而此项功能中的签名档则能成为店铺免费投放广告的地方，在这个地方投放广告，可以增加店铺的曝光率和知名度，如此就可以挖掘众多的潜在用户。店铺要通过"查找附近的人"投放广告的方式取得很好的营销效果，单靠一个人的力量作用是很小的，需要雇佣一批人24小时运行微信，然后把人流最密集的地方当作"查找附近的人"的地点，在这个地方投放广告能够起到很好的营销效果。

6. 消息推送

微信营销的一大利器就是消息推送，消息推送是建立在公众账号的基础上的，公众账号可以经过后台的用户分组和地域操控完成精准的消息推送。一般的公众账号可以群发文字、图片、语音。如果是认证的账号，能够推送的内容会更多，不仅能推送单条图文信息，还能推送专题信息。正是因为有如此强大的信息推送能力，所以店铺可以充分利用这一功能来进行店铺推广。而店铺要想利用这一功能做好店铺推广，就要做到信息要有价值，对于微信用户来说不可能关注太多公众账号，如果推送的信息毫无价值，结果只会被用户踢出关注圈。所以店铺推送的内部不能仅仅是广告信息，还应该包括与用户本身相关的信息，比如化妆品店推送的信息可以是如何去合理保护自己的肌肤；还要注意推送的时间，用户在闲暇的时候才会有心关注微信，如果信息推送时间不固定，无法与用户的习惯同步，则很容易招致反感，所以店铺信息推送的时间要做到"与用户的习惯同步"。

7. 自定义菜单

自定义菜单，顾名思义，和点菜用的"菜单"一样。顾客点菜时会把菜单翻来翻去看很久，但最终他要的是端上来的菜。同样对于微信自定义菜单，里面的内容才是核心，菜单是一个很好的外在组织形式。微信"自定义菜单"经过不断的升级改进，最终成为正式开放的API。这一功能可以让企业实现个性化的菜单定制，在微信底部的对话栏中提供菜单选项，用户通过单击菜单中的选项，可以看到相应的回复信息或者是网页链接。自定义菜单这种功能的升级为店铺营销提供了更多可能性。

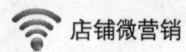

 利用微信小功能挖掘大财富的具体策略

微信小功能	使用方法、技巧、原则
漂流瓶	漂流瓶的入口在新版微信的"发现"界面。进入漂流瓶界面，可以选择扔瓶子，发一段语音或者文字，话语将被装进瓶子扔向大海。店铺要利用这一功能，发送相关的店铺信息。 在使用漂流瓶的时候，要善于制造热点话题。要把宣传的广告与热点话题更好的结合在一起，这样才能提高收件人阅读的兴趣。在投漂流瓶的时候，还要善于把有趣的笑话和趣闻和店铺要推广的信息结合在一起，这是减少受众对广告反感的最佳手段，从而达到营销的目的。
摇一摇	摇一摇在新版微信的"发现"界面。点开摇一摇，就可以通过晃动手机查找与自己同一时刻摇手机的人，然后通过打招呼的方式加彼此为好友。如此，店铺可以对加为好友的人进行宣传推广。
扫一扫	扫一扫在新版微信的"发现"界面，用户点击"扫一扫"，可以扫二维码、条码、封面、街景。店铺可以通过设置二维码的方式让用户扫描，并把店铺相关的信息与二维码结合起来。
朋友圈	朋友圈的入口在新版微信的"发现"界面。朋友圈是一个大家分享事件与心情的地方，店铺可以通过发信息的方式让朋友圈里的人了解店铺。 朋友圈发信息一天不能发太多，太多让人反感。最正确的做法是一天内不要超过两条微信，除次之外，不要只是发广告，不能仅仅是宣传自己的产品，应该要把营销与其他的内容结合在一起，这样才能更加吸引受众。

查找附近的人	查找附近的人在新版微信的"发现"界面。通过这个功能，同样开启本功能的人可以被自己所在的地理位置附近找到。此项功能中的签名档成为投放免费广告的地方。在这个地方投放广告，可以增加曝光率和知名度。要想充分利用这一功能，就要按照以下四步来进行。 第一步，设置微信头像与个性签名。头像可以使用企业的LOGO，这能促进店铺的宣传推广。个性签名的地方可以写店铺本月的活动、店庆活动、节日活动、优惠活动等，以此来吸引受众。 第二步，启动"找朋友"功能，利用这个功能搜索到预定受众群体，编辑好要发送的信息。 第三步，每隔20分钟重新搜索一次，再次向搜索到的用户发送信息。
消息推送	消息推送是微信最常用的功能，利用这一功能可以定时向消费者推送信息。要想推送信息取得良好的效果，就要把握以下四个原则。 第一个原则是不能发与微信号主题无关的垃圾广告。也就是说发送的信息必须是专业的，比如你的店铺是做化妆品的，就不能在推送和化妆品无关的内容。 第二个原则是不要发送虚假的信息。在推送信息的时候不能推送假冒伪劣产品的广告信息，这是最基本的原则。否则就会带来用户的投诉，很有可能会让微信官方把公众账号的群发功能关闭。 第四个原则是要把握好最佳的推送时间。一般是下午向晚上过度的这段时间最适合培养潜在客户，且最好的时间段为5:20至6:30，因为这段时间读者的时间是非常充裕的，能够静下心来阅读广告信息。
自定义菜单	店铺利用自定义菜单可以做的是根据店铺服务内容以及客户的需求来自己设置自定义菜单，这样就会使店铺利用微信营销变得简单易行。除此之外，店铺可以依靠设置栏目来最大限度地吸引人气，这样就能对店铺营销起到很大的推动作用。

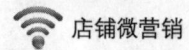

【经典案例解读】

大学生水果哥：微信营销月入4万

对于石家庄经济学院的大学生许熠来说，利用微信卖水果让他赚取了滚滚的利润。一天营业额1500元左右，一个月收入4万余元。如此可观的营业额也让许熠获得了"水果哥"的称号。利用微信卖水果是许熠的明智之举，这也是他能够靠卖水果赚大钱的重要原因。

许熠的眼光是非常独特的，石家庄经济学院共有学生1.7万名，女生就有6000多。女生每天都要吃水果，而微信在大学生中也已经得到较广的普及，并且当时石家庄经济学院微信营销还是空白。许熠看到了一个极具潜力的水果市场，于是他开始上线免费申请的微信公众账号——优鲜果妮。然而在刚开始的时候，许熠的订单并不多，甚至可以说少得可怜。许熠知道微信营销增加粉丝关注是关键，开始为自己的水果店做宣传，具体的方式是将印制的市场宣传单、广告册散发到学校的宿舍楼、食堂、教学楼。同时，许熠还请来了专业拍摄团队，为"优鲜果妮"拍摄宣传短片，并把拍摄好的宣传短片在每个教室放映……经过一系列的宣传措施，"优鲜果妮"开张3个月后已经有将近5000个粉丝。有了充足的粉丝，许熠还根据同学的个性需求，推出"考研套餐""情侣套餐""土豪套餐"，这些套餐都是由蜜柚、香蕉、苹果、金橘等组合而成的。除此之外，如果有人通过微信订购水果，还可以享受免费送货上门的服务。

经过一系列的宣传推广，"优鲜果妮"的水果订单量与日俱增，每天的营业额达到了1500元，一个月就有4万多的收入。许熠的微信营销越来越成熟，因为影响大，所以许熠已将业务范围扩大到零食、化妆品、电子数码等，并积极引进麻辣烫、奶茶、鸭脖等店铺入驻，顾客在"优鲜果妮"微信上下单购买，可以获得优惠和送货上门服务，"优鲜果妮"则从中获得销售提成。"优鲜果妮"的火爆让更多的人看到了微信营销的好处，越来越多的学生加入到微信营销中来，这些新出现的微信平台为"优鲜果妮"带来了巨大的压力，除此之外，还有人假冒"优鲜果妮"微信账号，利用其品牌效应谋取利益。

【案例解读】

许熠的成功呈现出的是店铺可以利用微信进行营销，以此来达到推广营销的效果。作为店铺经营者，要充分研究微信对店铺营销所起的重要作用，并且把微信切实应用到店铺的推广宣传中去，通过微信营销来撬动滚滚财源。

 店铺如何做好微信公众账号设计

店铺要想利用微信引爆滚滚财源，第一步是要做好公众账号设计。甚至可以这样说，店铺微信公众账号设计的好坏，直接决定着其微信营销效果的好坏，也直接决定着其是否能够赚取较多的利润。对于店铺来说，要想做好公众账号设计，就要从以下四个方面入手。

第一，要为店铺公众账号取个好名字。

对于一个店铺公众账号来说，名字起着相当重要的作用，所以在进行微信公众账号设计之前要想个出色的名字。在为自己的店铺取微信公众账号名字之前，要找准自己的行业定位，要明白自己的店铺时干什么的，是食品、服装，还是其他产业。唯有如此，才能更好的精准定位自己。明白了自己的行业定位之后，还要明白自己的核心客户是谁，要明白自己的产

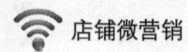

品是卖给哪一类人的，用户至上，需求第一。什么样的用户群体决定了什么样的需求。换句话来说就是您的需求定位，决定了你的目标用户。通过用户需求分析，再进行您的产品功能策略的制定设计，从而大大地减少了后期的目标不明确的风险和减少不必要的麻烦。

搞清了自己是干什么的，为什么人服务，下面就要取名字。微信名字最长只有13个字，最好4—8个字，不要太长也不要太短。这样的名字才简单易记，让用户印象深刻。要想让微信公众账号名字更加吸引眼球，就要取一个个性化的名字。但是，不能把生僻字作为个性的体现，因为这样的名字是很不利于自己的排名搜索的。取名的时候还不能运用宽泛性的词语，比如你的客户群体是北京的美食客，取名"美食"显然不仅针对人群过于宽泛，在整个美食的微信公众账号排名中也很难脱颖而出，在取名的时候最好能够结合百度指数，查找搜索度较高的词汇。

第二，店铺微信介绍要做到简单好记有特色。

店铺公众账号设计除了要起个出色的名字外，还要做好微信内容介绍工作。所谓的店铺微信介绍，顾名思义就是店铺微信的自我介绍。好的店铺微信自我介绍要达到的效果是让人一读就能记住。要想写出这样的微信介绍，就不要把店铺简介或者店铺业务当作主要内容来撰写，而是要写能够能给客户带来什么样的优惠，或者能帮助他们解决什么样的问题。比如星巴克中国的微信账号简介："星巴克中国，微信里的第三空间，星巴克的热情与专注，是为了把一杯咖啡的完美呈现在你的手中，与您一起点亮生活。"在这个介绍中，星巴克没有枯燥地介绍星巴克及其产品，而是把星巴克的文化展现出来。所以，店铺在做微信介绍的时候，要能够用简短的文字表达出你能为你的顾客做什么，而不是让他们买什么。

第三，做好店铺微信公众账号认证。

店铺微信公众账号要做好官方认证。这样做的好处是在用户进行搜索的时候，认证的公众账号会排在前面，能够更容易被用户搜索到；对用户来说，他们更愿意相信经过官方认证的公众账号；自我保护性更强，可以避免虚假公众账号冒名顶替。所以，店铺在创建好微信公众账号后，就要快速获得500以上的关注数，同时还要创建一个认证的同名新浪微博或者腾讯微博，这里名字要和微信公众账号的名称一样。满足了这两个条件，店铺微信公众账号就可以申请官方认证。一般只需要1—15个工作日，认证就能取得成功。认证成功之后的店铺微信公众账号将成为店铺营销的利器，店铺充分利用好这一利器，就能取得良好的营销推广效果。

店铺要想利用微信起到营销推广的效果，并为店铺带来滚滚财源，就要首先从店铺公众账号设计入手。出色的公众账号设计，能让店铺营销推广起到事半功倍的效果。所以，店铺在利用微信进行营销的时候，要掌握公众账号设计的要素与技巧，在此基础上展开店铺公众账号的设计。

 微博营销：有粉丝才有利润

微博，虽然每次只能发布短短140个字的内容，但是其中蕴藏着丰厚的利润。对于店铺经营者来说，如果能够好好利用微博这个平台，就能让店铺依靠微博运营获得意想不到的价值回报。

对于店铺经营来说，微博是个非常好的营销平台。因为微博用户使用微博的目的主要为记录自己的心情、寻找兴趣相同的群体、讨论共同兴趣的话题等，用户已将微博作为一个即时信息的交流平台，这在培养用户的信任感上具有其他媒体所不拥有的优势。所以，店铺如果在利用微博进行营销的时候，能够每时每刻与顾客在一起，分享生活点滴，传递产品理

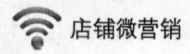

念，与顾客共度过、共成长，让顾客对品牌产生信任，这就能让店铺受到顾客的喜欢，并让他们最终发展成为店铺的死忠粉。

对于店铺微博营销来说，最重要的是寻找自己的用户。而对于店铺来说，获取用户的方式主要有以下3种：

第一种是通过话题找用户。

店铺利用微博进行营销，可以利用话题的方式来寻找自己的用户，具体的方式是通过搜索话题直接找到参与话题讨论的人群。比如说，如果你的店铺售卖的是运动服饰产品，作为店主就应该时常关注那些参与"NBA""世界杯"这类话题讨论的用户，并积极把这些人发展成自己的用户。

第二种是通过标签找用户。

所谓的标签指的是每个人自身的特点或者喜好，每个人在注册微博时，都会为自己贴上旅游、美食、数码控等标签，这些标签是用户自身设定的，能够体现出个人的特点。而店铺可以根据微博标签来对用户的特点，比如年龄、身份、职业、爱好等方面进行分析，从中找到可以成为自己店铺用户的目标人群。

第三种是通过微群找用户。

所谓的微群就是一群人因为某个共同爱好或感兴趣的话题聚到一起，进行交流和互动的群。店铺可以通过微群讨论的主要话题来判断他们讨论的话题是否和自己的产品有着比较紧密的联系，如果是的话，可以把他们发展成自己的目标用户。

找到了目标用户仅仅是第一步，关键还是要把这些目标用户，也就是所谓的粉丝吸引到店铺的营销与推广中来。对于店铺来说，要想做到这一点，就要从以下4个方面努力：

1. 取得粉丝的信任

微博营销最关键的是要取得用户的信任，唯有取得用户的信任才能让粉丝帮助店铺转发相关的店铺信息，从而产生较大传播和营销效果。店铺要取得粉丝的信任，就要不断与粉丝保持互动，同时还要做到经常转发、评论粉丝的微博，在粉丝遇到问题时及时帮助他们解决。这样才能与粉丝结成紧密关系，最终培养出店铺的死忠粉。

2. 降低活动参加门槛

店铺常常可以采用举办活动的方式来吸引粉丝的关注，很多粉丝对参加活动有着浓厚的兴趣。然而，很多店铺在举办活动的时候总是会让活动环节变得繁乱，这让很多想参与活动的人止步。所以，店铺在利用微博举办活动时应尽可能做到简单易行，一定要在降低参加门槛的基础上举办活动，这样才能调动粉丝参与的积极性。

3. 用悬念激发粉丝兴趣

人都会对有悬念的东西保持浓厚的兴趣，对于店铺经营者来说同样如此，要依靠悬念激起粉丝的好奇心，从而调动粉丝深度参加的兴趣和长时期参与的黏度。对于店铺微博营销来说，悬念能够起到很大的营销效用。所以，店铺经营者要善于利用这种方式来维护自己的粉丝，并借此展开对店铺的营销工作。

4. 用奖品来吸引粉丝

店铺在进行微博营销的时候，可以采用奖品促销的方式，用奖品驱动粉丝参与的热情。没有人不喜欢奖品，店铺经营者要善于利用人的这一心理，在利用微博进行营销的时候，以产品来吸引粉丝，让他们积极参与到店铺微博营销中来。

任何一个营销活动想取得成功，都需要花费精力。微博营销同样如此，微博营销的潜力巨大，如果一个店铺没能用它发挥大效用，只能怪自己投入的精力与重视不够多。虽然店铺利用微博进行营销能够收到很好的

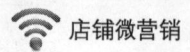

效果，但是店铺在利用微博进行营销的时候，难免会遇到负面信息，而店铺要善于处理这些负面信息。要合理处理这些负面信息，店铺要做的是第一时间给予关注。第一时间给予关注能够给用户带来被重视的感觉，会让用户对店铺产生一定的好感。同时，要在第一时间与用户接触、沟通与磋商，以寻找解决问题的办法。

【经典案例解读】

宇祥福晟餐厅：螺蛳粉先生微博营销大效用

螺蛳粉先生是北京蓟门桥一家卖螺蛳粉出名的店铺，它的成名得益于店主率先使用微博进行店铺经营，目前，螺蛳粉先生的粉丝数已经过万，并且依靠微博订单，螺蛳粉先生每天的螺蛳粉销售量超过400份。

螺蛳粉先生的店主是马中才，他是个不折不扣的才子，曾出版过8本小说，并且还获得过"新概念作文大赛"一等奖。这样一位才子在玩微博营销时也是游刃有余。马中才在开这家店时已经意识到微博对自己的生意是非常有帮助的，利用这个平台不但能够留住老顾客，还可以挖掘新顾客。

马中才特别重视微博对店铺的推广作用，时刻关注微博上的动向，当他看到粉丝在微博中晒的螺蛳粉照片时，就会用顾客到店时的场景来回复粉丝的微博，这样就能让粉丝产生浓浓的亲切感。

马中才还把自己的才情运用到微博信息的发布上，比如"螺蛳粉先生只不过是故事中的一个地点，每天都有各种故事在这里上演。留心观察这些有故事的人，展现在微博中，跟粉丝特别有共鸣"。再比如，"多年以后，你会不会想起这样一个夜晚，那时我们在北京，时值秋季，在螺蛳粉先生家门外的空地，支上桌椅，就着灯光和月亮，叫上三五好友，来一碗火辣火辣的螺蛳粉，就着漓泉，我们一起喧嚣，一起欢乐，一起书写那些肆无忌惮的青春……"这些充满人情味，并且才情四射的微博深受粉丝的喜欢，所以每条微博都能得到大量的转发，这就极大提高了螺蛳粉先生的影响力。

马中才还意识到微博特别适合发布优惠活动，所以他经常会推出优惠活动，为粉丝们提供促销奖品，如赠送话剧演出票，端午节的时候，家人包了300个粽子，马中才统统送给了顾客。这种特别的优惠活动深受粉丝们的喜欢，再次提升了螺蛳粉先生的影响力。

螺蛳粉先生在进行微博营销的时候还充分利用了名人效应，马中才是一个作家，所以有很多圈内的好友，比如柏邦妮（咆哮女郎柏邦妮）、蒋峰（蒋峰之梦）、蔡骏、吴虹飞、美食家陈晓卿等，这些微博红人经常到螺蛳粉先生用餐，在用过餐后就会发微博晒单，这就为螺蛳粉先生起到了非常大的推广作用，带来了粉丝的飞速增长。

微博本身就是一个互动的平台，很多顾客会在这个平台上做出及时反馈，并提出相关的建议与意见。马中才在看到这些反馈与意见时，会第一时间给出回复，并及时解决顾客提出的问题。

微博对于螺蛳粉先生的发展起到了很大的作用，甚至可以说螺蛳粉先生之火就火在利用微博来做店铺，正如马中才所说："微博带来的生意太火，造成服务不周，反过来又影响微博口碑，这点我们一直在小心翼翼地努力改进。这是微博的两面性，总体来说，微博给了螺蛳粉先生很大帮助，找到平衡，就能做到最好。"

【案例解读】

为什么微博营销能给螺蛳粉先生带来这么好的营销效果？究其原因，是微博大大拉近了品牌和用户的距离，品牌与用户之间的关系变得更加真

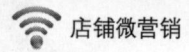

实、亲密，让用户觉得这个品牌更可靠、可信赖。所以，对于店铺经营者来说，要懂得利用微博来对店铺展开营销，以提高店铺的影响力。

 微博、微信如何做到内容精彩

店铺做微博、微信营销，关键是要做到内容为王，唯有把内容做到大家都喜欢，才能实现自然增加粉丝，才能依靠粉丝赚取滚滚财富。

要想做到内容精彩，首先要做到标题精彩。

一篇好的微信公众平台内容，需要有一个好的标题。因为标题是内容的重要组成部分，甚至可以说，信息能否被用户重视，完全取决于标题。特别对于微信营销来说，标题的重要性更甚。要想编撰好标题，就要掌握好标题的编撰技巧。

首先，长度合适的标题才能抓人眼球。

标题不能太长，也不能太短，最适宜的标题长度应当在6个到13个字之间。太长显示不全，同时会显得拖沓；也不能太短，太短则不能起到营销的效果。所以微博、微信在编撰内容的时候要有一个出色的标题，就要掌控好标题的长度，过多或过少都会降低用户的兴趣度。

其次，通过设置悬念的方式编辑标题。

悬念式标题微博、微信标题制作的种类之一。这种方式是指在标题上先给用户造成一个"悬念"，以激发人们急欲想知的好奇心。这种编撰标题的技巧能够不断造成某种急切期待和热切关注的心理状态，具有引人入胜的艺术魅力。但是在设置悬念标题的时候不能单纯的故弄玄虚，而是要符合目标用户的日常经历和困惑。例如《孩子不吃饭怎么办？》《总是掉

发怎么办？》。

再次，标题要突出卖点。

标题在编撰的时候，还有重要的一点需要把握，那就是要突出卖点。具体做法是直接把卖点用准确的语言概括出来就好，以求准确抓住目标用户。比如麦当劳的"买当劳麦乐送30分钟内送到，必须地！"，当这个标题出现在阅读者面前的时候。"到货时间短"的卖点就会对翘首以待的用户形成极大的吸引力。

内容为王，最关键的还是要写好内容。店铺在利用微博、微信进行店铺营销的时候，要时刻把握内容的撰写技巧，这样才能吸引粉丝。枯燥无味的内容同样招致用户的厌烦，同样会让人冷落。所以，要"微"营销要聚集人气，就要有精彩的内容作保障。要想写出精彩的内容，就要从以下三个方面做起。

一、注重有趣

有趣就是指内容要有足够的新意，有足够吸引人的地方。没人会排斥有趣的东西，但如何将自己的品牌和产品以有趣的方式呈现出来却是个难题。要做到这一点，关键是要用有趣的方式向用户介绍店铺和产品，语言要做到诙谐机智，还时不时会恶搞一下，这种风格深受用户喜爱。卖萌的内容表达方式也是做到有趣的一种重要方式，这样的微信内容是幽默风趣的，自然能够吸引用户的关注，起到推广店铺和产品的作用。

二、强调利益

没有人喜欢直白的广告，但对促销信息却有很大的兴趣。这就需要在编撰内容的时候突出利益，突出利益是指店铺发布的信息要能够向用户提供一定的帮助，能为用户提供一定的实惠。所以，在对内容进行编辑的时候，不要对店铺和产品做出过多的包装宣传，只需要让用户感受到切实"赚了便宜"就好。

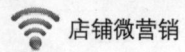

三、突出个性

个性也是企业在搞"微"营销的时候应该把握的一个写内容的原则，只有把握个性的原则，店铺微博微信内容才能跟其他企业"微"营销内容"划清界限"。要编撰个性的宣传内容，可以从网上选择个性的表达方式，比如曾经风靡一时的"凡客体"、"3Q体"、"淘宝体"等，都能拿来运用。如此的内容表达方式，能够为用户营造一种与众不同的服务体验，让他们感受到店铺能为他们带来的高品质享受。

 微信、微博撬动店铺财源的三大技巧

不管是微信还是微博，对店铺的推广和营销都能起到良好的作用。然而这并不是说所有的店铺利用微博、微信进行营销都能收到良好的效果，要想利用微信、微博营销取得良好的效果，就要从以下三个方面入手：

1. 保持与粉丝的互动

微博与微信都是社交平台，而微信本质上是一个朋友即时沟通的通讯工具，所以店铺在利用微博、微信进行营销的时候要坚持互动原则，之所以要坚持互动的原则，是因为互动有利于维护人与人之间的情感，对于店铺来说同样是如此，店铺利用微博、微信进行营销，最重要的是有充足的用户，然而没有互动，即使有再多的用户，那也只是无用的数字而已。对于店铺用户来说，愿意在微信、微博平台上关注店铺的人，必定是对店铺提供的资讯、产品、服务等感兴趣，然而这种兴趣如果不受到重视，就不可能长久维持，所以，对于店铺经营者来说，要做的事情是通过互动来强化用户们的兴趣，这种兴趣就来源于互动。具体互动的方式有很多，比如

展开话题讨论、定期举办活动、开展促销优惠、征求用户建议等，这样做就能为店铺建立一个活力、有创意的品牌形象，从而促进店铺的营销与推广。

2. 时刻做到诚信

微博与微信对于营销有很大的促进作用，具体来说是时间灵活，随时可以发布商品的图片信息，同时成本低，不需要开设实体店，不会涉及房租问题等。这些优势使得微博与微信成为很多店铺做生意的工具。然而，很多店铺在利用这两个工具做生意的时候没有以诚信为原则。

店铺不履行诚信的现象有很多。比如，在品牌塑造上作假。有些店铺为了提升知名度，雇人冒充不同身份的网友，假借根本不存在的故事、经历制造噱头。也就是说，一个商家雇了一帮根本不是真实消费者的人冒充普通用户，四处宣扬自己产品或品牌的优点以获得利益。

再比如，朋友圈营销作假。朋友圈巨大的营销作用让很多人瞄准了这个做生意的平台，然而很多人利用这个平台做生意，却不能做到诚信经营，如标榜"XX团队的洗面奶，温和无刺激""正宗XX水果，便宜又新鲜"。而事实并非如此。不法商家利用朋友圈出售假冒伪劣产品，有些奢侈品价格昂贵，商家在朋友圈中打着海外正品代购的旗号，实际却销售各种名牌A货。

作为店铺经营者来说，微博、微信是一个互动性很强的交流平台，当你所发布的信息能够引起用户的兴趣，让他们与你产生共鸣，那么微博、微信营销推广便成功了一半。然而，需要做到的是用心做营销，唯有付出了诚信，才能得到回报。有些不讲诚信的企业做营销就是打一枪换一个地方，论坛里有用户投诉就改做微博，微博被爆出丑闻就转战微信，等等。殊不知，在互联网时代，所有圈子基本都是连接在一起的。如果在这个平台上不讲诚信，即使在别的平台上做，也会让用户得知，甚至这种不诚信

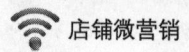

的做法会被无限放大，这对店铺本身的影响是非常大的。因此，不管是微博营销，还是微信营销都要把握一个重要原则：守诚信，并且始终如一。

3.经常给予粉丝回馈

店铺要想利用微博与微信真正起到营销的作用，就要让顾客感受到实实在在的实惠。也就是说，要及时给予顾客以实惠，对顾客做出及时的感谢，包括感谢信息推送、电子优惠券赠送等，让用户切实感受到你的诚意。店铺利用微博、微信进行营销，要想起到良好的营销效果，要在给予顾客优惠的同时付诸营销信息，比如在赠送的电子优惠券上附加"分享给5个微信好友，他们也将获得同等优惠"等信息，即给那些感觉得了实惠的用户一个将这种实惠分享给好友的机会。这种回馈方式是在回馈的时候嵌入一些宣传的元素，这样做不但能够留住老客户，还能发掘新客户。

以上就是店铺在利用微博、微信进行营销的时候需要掌握的三大技巧，唯有在这三大技巧下进行宣传，才能维护高质量的目标用户，不但能够在短期内提升销售业绩，还有利于店铺品牌的长期发展。

【经典案例解读】
绝味鸭脖：一场漂亮的互动品牌推广战

绝味鸭脖为绝味轩旗下著名品牌产品，采用秘制香料精心烹制而成，融入楚湘传统美食烹饪技法，结合祖国传统药膳食谱，博采众长，积数年心血研制而成。绝味鸭脖现已风靡大江南北，它之所以能够取得这么快的发展速度，除了绝味鸭脖有绝佳的口味外，还在于经营者在利用互联网思维展开营销推广。其中最为典型的是绝味鸭脖利用微博打响了一场漂亮的互动品牌推广战。

当微博逐渐成长为一个优良的宣传推广平台的时候，越来越多的企业通过微博宣传新产品，拓展企业影响力。而越来越多的店铺也开始利用这一平台来宣传推广自己的产品，绝味鸭脖也依靠这个平台开展品牌推广活动，并且取得了良好的品牌推广效果。

2011年3月8日至3月14日，绝味鸭脖开展了"晒浪漫，爱分享"的活动。具体的参与方式是只要用户能够成为"绝味鸭脖"的微博粉丝就能获得参与这一活动的资格，而一旦成为"绝味鸭脖"微博粉丝，只要关注和参与"晒浪漫，爱分享"话题讨论，转发微博，晒出对心中另一半的浪漫宣言，或者晒出"晒浪漫，爱分享"的浪漫照片，就能成功参与活动。而绝味鸭脖要做的是每天从成功参与活动的粉丝中随机抽取3位粉丝，送出绝味浪漫大礼包。这次"晒浪漫，爱分享"的活动一经推出，就取得了非常好的效果，一时成为大家热烈讨论的话题。而对这一活动最有吸引力的是那些处于热恋之中的年轻人，这些年轻人纷纷凭借这次活动晒出自己的爱情宣言和甜蜜照片。

绝味鸭脖的这次微博品牌推广战是非常成功的，绝味鸭脖的销量大增，绝味鸭脖店前排起的长队就是最好的证明。同时在这次微博推广中，绝味鸭脖还积累了超高的人气，绝味鸭脖的品牌形象也更加深入人心，更为广大的消费者所知晓。

绝味鸭脖的这次营销活动之所以能够这么成功，就是因为利用微博打了一场漂亮的品牌推广战。而绝味鸭脖推出的"晒浪漫，爱分享"活动是非常新奇的、好玩的，能够吸引年轻人参与的兴趣。而推出的奖品同样对粉丝有超强的吸引力，更能让他们积极参与进来，大大提高了品牌推广效果。

【案例解读】

绝味鸭脖的微博推广战取得了良好效果，这告诉店铺经营者要善于利用微博、微信开展品牌营销推广。但是，店铺经营者利用这两个平台进行

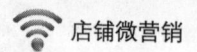
营销的时候，要遵守互动原则、诚信原则、回馈原则三大原则，唯有如此才能让店铺的营销推广起到真正作用。

 店铺如何利用微信、微博提升销售业绩

互联网时代，对于店铺经营者来说，微信、微博已经是协助开店的两大利器，越来越多的店铺经营者开始利用这两大工具来做生意，有的时候利用微信、微博开店，甚至不需要线下卖场，能直接减少门店租金、劳动力费用等，还能通过互联网迅速扩大知名度。店铺利用微博、微信营销不但能添加目标客户，还能宣传店铺文化、新产品等，不仅能够提升店铺销售业绩，还能增加店铺的知名度和美誉度。 而店铺要做好微博、微信营销，就要掌握以下四大策略：

1. 双账号推送策略

所谓的双账号推送策略指的是利用两个公众账号进行店铺营销，具体来说就是将促销与内容分开各做一个公众账号。用来推送内容的账号是为企业忠实粉丝专门提供的，目的是尽可能地满足他们希望了解更多店铺信息的愿望。店铺每天都要对群发的信息做统一安排，准备好文字素材和图片素材，可以是新品推荐、饮食文化等方面的内容。除此之外，店铺还可以利用这一账号针对新老客户推送出不同的信息，同时也方便回复新老顾客的提问。而用来做促销的账号可以为顾客推送相关的优惠打折信息、促销活动等。这种双账号推送的策略能做到方便顾客，不至于让顾客在诸多推送信息中寻找优惠信息。这样不但能够提升店铺销售的业绩，还可以形成口碑效应，大大提升商家品牌的知名度和美誉度。

2. 以活动吸引顾客

微博、微信营销比较常用的方法是以活动的方式吸引消费者参与，从而达到营销推广的目的。对于店铺营销来说，同样如此。然而，通过微博、微信策划一场成功的活动并不是一件简单的事情，因为这需要店铺经营者为此投入一定的经费。店铺借助线下店面的平台优势开展活动，是需要消耗一定的成本和人力的，对于小店铺来说甚至是有点难度的，但是这并不是说小店铺就不能搞活动，即使是小店铺，如果有了缜密的计划和预算，也能以小成本打造一场效果显著的活动。虽然举办活动需要消耗财力物力，但是活动确实是吸引顾客的最佳方式。作为店铺经营者来说，可以举办签到打折活动，具体方式是店铺制作好附有二维码和微信号的宣传海报和展架，然后利用专门的营销人员在活动现场指导到店消费者使用手机扫描二维码，关注商家公众账号即可收到一条确认信息，消费者凭借信息在购买店铺产品的时候享受优惠。当然，店铺举办活动的方式不仅仅是这一种，只要是任何一种能够促进消费的店铺活动都能被运用到店铺营销推广中去。

3. 多形式吸引粉丝关注

店铺要想吸引足够多的粉丝，就要利用多种形式来吸引粉丝。比如，店铺在产品包装上印刷二维码，便于来到店里的人能够看到这些二维码，从而提升店铺的影响力，除此之外，店铺还能依靠这种方式积累一批实际的消费群体。除了二维码外，店铺还要在店面内设置展架、海报、DM传单等，这些对帮助增加店铺的关注度是有很大的促进作用的。

4. 利用游戏增加用户黏性

不管是微博还是微信，对于店铺来说都是为了寻找一个与用户沟通的新渠道，然而对于这两个渠道来说有很多沟通形式和内容，不同的沟通形式与内容可以达到不同的效果。而在众多的形式与内容中，互动游戏是最

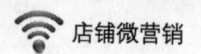

能提高用户黏性的一种手段，如果游戏设计得合理，不但能够带动店铺的粉丝参加，还能让粉丝带动周围的朋友一起参与，这样就有利于店铺形成较高的口碑。

以上就是店铺做好微博、微信营销的四大策略，店铺利用微博、微信进行营销只要按照这四大策略来做，就能在积累用户的同时促进销售业绩的提升，除此之外，店铺的影响力与美誉度也会因此得到提升。

【经典案例解读】

吉野家：靠微信轻松打造快餐品牌

微博、微信对于餐饮业营销起着举足轻重的作用，而快餐品牌吉野家也靠此再次提升了自身的影响力。吉野家利用微信进行营销主要有两大推广项目，第一个是"凭脸吃我"，第二个是"帅哥换帅锅"。

"凭脸吃我"是吉野家在2013年8—9月推出的微信营销活动。吉野家这次推出了一款叫"凭脸吃我"的创意APP。利用这款APP推销吉野家的优惠券，用户通过APP获得优惠券，吉野家抓住了年轻人爱自拍的心理，利用自拍上传的方式制作个性的优惠券。

此次吉野家"凭脸吃我"活动中的优惠券是以二维码的形式存在，可重复扫描使用，消费者通过线下门店的桌角，进行扫描关注微信后，上传自拍获取创意优惠券，然后再返回店中消费。除此之外，吉野家还鼓励消费者将自己的优惠券分享到朋友圈，与朋友一起分享这份优惠，并通过朋友圈这个网络上信赖度最强的口碑传播平台，吸引更多的消费者参与进来。由于这次活动趣味性强，非常接地气，同时又易于操作，容易吸引消费者的兴趣、关注和参与，这项微信营销推广活动取得了非常好的效果，此次活动仅进行了4天就收到7 000多张图片参与，不但促进了吉野家销售业绩的提升，还极大地提高了吉野家的知名度。

"帅哥换帅锅"是吉野家在2013年9月、10月推出的微信营销活动。为了提高吉野家石锅拌饭的辨识度，就为自家的石锅拌饭取了个小名"大帅锅"，之后推出了"疯狂帅锅""白衬衣帅哥日""任重表情包"的"帅哥换帅锅"系列活动，让广大消费者记住"大帅锅"就是"吉野家石锅拌饭"。为了达到营销的效果，吉野家分3步来进行微信营销。

吉野家"帅哥换帅锅"微信营销活动的第一步是APP互动游戏。具体来说就是在微信上开发接有互动性的食材游戏微信优惠券APP，这样就能让消费者在玩游戏的过程加深对吉野家的认识。第二步是"帅哥换帅锅"的"吉野家白衬衣帅哥日"。具体方式是在吉野家石锅拌饭上市促销阶段（2013年10月13日至11月8日）策划一个"白衬衣帅哥日"活动：每周四北京的一家吉野家门店为前100位穿白衬衣的男士免费赠送一份石锅拌饭。第三步是推行吉野家限量版"任重表情包"，为了培养用户，吉野家制作了5款微信聊天"任重表情包"，以此来吸引用户。

通过这三步，吉野家不但实现了打造品牌的目的，同时也促销了新品优惠券。营销活动在线上线下都取得良好的反响和互动，特别是吉野家利用线下"白衬衣帅哥"这一社会热门话题，引发了用户的讨论，完成了对用户的吸引，最终达到推广品牌，促销产品的目的。经过这一微信营销活动，吉野家包括微博和微信APP都取得不错的展示和推广，其官方微信粉丝在活动期间粉丝增长超过2万。

【案例解读】

吉野家利用微信进行营销的活动取得了很大的成功，既提升了销售的业绩，又提升了吉野家的知名度。这给店铺经营者带来的启示是要懂得利用微博、微信营销工具来展开店铺的营销，以此来促进销售业绩以及店铺

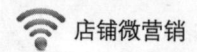

的影响力。而利用微博与微信进行营销时需要把握一定的策略，唯有策略合适，才能达到真正的营销效果。

 不同行业运用微信营销的技巧

店铺行业类别	微信营销技巧
旅游类	旅游类企业可以通过微信发送旅游攻略以此来吸引大量的用户，由此衍生出来的订机票、景点门票、订酒店等让顾客有了全新的体验。开店者可以充分利用这一点来赚钱。需要注意的是在发送旅游攻略的时候不要是单纯的文字，可以是图文并茂、富有诗情画意的景点图片。 　　除此之外，旅游店铺还可以利用微信举办活动。活动运营期间店铺需要安排专门的客服在后台记录和解答问题，引导用户积极参与活动，并通过自定义回复接口不断推送活动参与说明，以促进用户快速参与进来。
饮食类	餐饮行业从业人员可以通过微信来宣传店铺和产品。餐馆经营者可以定期向消费人群推送优惠电子券和新品信息。同时，可以结合二维码，让消费者可以通过扫码的方式对餐馆及其美食有更为深入的了解。这样不但可以迅速扩大知名度，还可以降低广告的成本，使得商家可以以低成本、低风险宣传自己。
电商类	电商类企业可以充分利用微信获取流量、更精准地找到客户、积累客户信息，挖掘客户潜在需求，实施客户关系管理等，最终达到更好的销售目标。 　　电商在利用微信进行宣传推广的时候要充分利用漂流瓶、摇一摇、附近的人、扫一扫、信息推送等功能，来对电商做宣传推广，并且可以打通第三方支付，让消费者通过手机客户端就可以完成购物。

婚介服务类	随着剩男剩女的不断增多，微信成了他们相亲的重要工具。在相亲会上利用微信的摇一摇、扫一扫等功能，提高了相亲会的趣味性和互动性，让整个相亲过程更令年轻人喜欢。店铺还可以把相亲者信息利用二维码展示，相亲者通过扫描二维码，可以与任何一位中意的相亲会员通过微信沟通，这就打破了以往向红娘索要手机号码的局限性，让相亲者能够认识更多的人，这无疑能促进自身的发展，带来滚滚利润。
化妆品类	化妆品店铺可以轻易地将相应的促销信息和合作零售商告知给相关的用户。这样做既能够把促销内容尤其是针对某个区域市场定制的促销内容传达给当地消费者，又可以帮助零售商做一次精准宣传。化妆品企业在运用微信进行促销的时候，服务一定要及时、热情、到位，用户的问题都要贴心解答，并定期发送小贴士、小祝福、注意事项等贴心的服务信息。这样更加能博得用户好感。
图书业类	图书作为标准化商品，非常适合使用二维码。书店可在微信上或微博上标识出相关图书的二维码，也可以在纸质图书上标出出版社或图书品牌的二维码。读者只要用智能手机扫描一下，就可以使读者对与图书相关的信息有充分的了解。除此之外，店主还可以利用微信和目标客户展开有效的沟通，这样做比在相关媒体做宣传广告的效果更好、更直接。店主还可以把最新的出版信息和图书通过微信及时推送给目标客户，这些客户会通过分享、评论等功能开发出潜在客户。

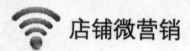

第七章　O2O：店铺经营者必须知道的营销思维

 打造方便快捷的交易平台

移动互联网时代，改变最大的是线上虚拟世界（online）和线下现实世界（offline）进行互动，而让我们感到最方便的也是线上虚拟世界（online）和线下现实世界（offline）进行互动。这种互动让互联网成为线下店面的前台而产生的新型商业模式，这就是现今非常流行的O2O商务模式。通俗一点说，O2O模式是指线上营销线上购买带动线下经营和线下消费。O2O通过打折、提供信息、服务预订等方式，把线下商店的消息推送给互联网用户，从而将他们转换为自己的线下客户。这就特别适合必须到店消费的商品和服务，比如餐饮、健身、看电影、美容美发等。

O2O有4种常见的模式，它们分别是：

1. Online to Offline。这种模式是比较常见的，它指的是线上交易到线下消费体验商品或服务。用户在网上发现产品并完成支付，最后去线下实体店体验产品和服务。在这个模式中最常看到的是团购。

2. Offline to Online。这种模式指的是线下营销到线上完成商品交易。具体来说就是在线下做营销，实体店提供优惠二维码扫描等，然后在线上实现交易。

3. Offline to Online to Offline。这种模式指的是线下营销到线上商品交易，再到线下体验商品或服务。这在中国是最早可以接触到的O2O模式。如中国移动的"预存话费送金龙鱼油"的活动，就是这种模式中的典型代表。

4. Online to Offline to Online。即线上交易或营销，到线下消费体验商品或服务，再到线上交易或营销。这种模式比较复杂，所以很少得到应用，但对是却能起到非常好的营销效果。

从以上4种模式我们不难看出，O2O模式的本质是传统营销方式的升级，这个升级过程借助的是电子与互联网的力量。在O2O中，核心是店铺，电子商务只是辅助手段。而O2O就是要为店铺打造一个方便快捷的交易平台，在这个平台上，店铺可以开展营销，甚至完成整个交易行为。

店铺要想利用好这个交易平台，关键是要想方设法在网上寻找目标消费者，然后将这些目标消费者带到现实的店铺中，从而完成整个消费的过程。O2O模式对于店铺发展的优势是显而易见的。店铺网站以会员线上订单支付，线下实体店体验消费，并依托二维码识别技术应用于所有地面联盟商家，锁定消费终端，打通消费通路，最大化地实现信息和实物之间、线上和线下之间、实体店与实体店之间的无缝衔接，创建一个全新、共赢的商业模式。通俗一点来说就是因为，O2O模式既能让消费者享受到互联网快捷流畅的信息体验，同时也能够消除顾客因为不能看到实体产品而产生的不信任感，这样无疑能够增加店铺的客流量，提升店铺的销售业绩。

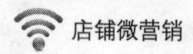

【经典案例解读】

眉州东坡：O2O模式打造快捷餐饮平台

O2O的关键在于从线上营销到线下销售整个流程的顺畅，在这个过程中，O2O为店铺打造的是一个方便快捷的交易平台，而这个交易平台对餐饮店的发展是非常重要的。餐饮店打造O2O模式能够将线上推广、销售业务与线下实体店结合起来，不但能够突破店面的空间局限，还能减轻实体店服务人员的工作压力。这种线上销售与线下用餐无缝对接的方式能够最大限度提高餐饮店的业绩。在所有的餐饮店中，眉州东坡是借助O2O模式取得成功的典型。

眉州东坡借助O2O平台将线上消费者导入门店，同时将线下产品引入线上进行销售，并重构了整个外卖供应链，实现了线上与线下的高效互动融合。这对于眉州东坡来说无疑是打造了一个方便快捷的餐饮服务平台。

2013年5月27日，眉州东坡推出了"527美食速递系统"，该系统融合了手机APP客户端、眉州东坡美食速递网、美食热线三大外卖订餐渠道，这三大渠道的融合成为眉州东坡试水O2O的关键第一步。不过，眉州东坡的这一步走得并不顺利。早在2010年，眉州东坡就想过要打造属于自己的电商平台，并委托软件公司进行系统的研发。而这个过程困难重重，软件公司虽然经过数次修改，却始终没有打造出让眉州东坡满意的网站。既然自己研发没有成效，眉州东坡便选择与第三方专门服务于餐饮企业的O2O电商平台——易淘星空合作。易淘星空开始为眉州东坡打造订餐、支付平台，但是在这个过程中易淘星空遇到了很大的困难。正如易淘星空CEO所说："我们要在不到一个月的时间里制作针对苹果和安卓系统的两款手机APP应用程序，同时搭建起一个能够订餐、支付的电商平台，其难度相当于组建一个全新的电子商务公司。另外，由于苹果APP Store的审核时间需要一周，这意味着，留给我们的时间只有20天。"虽说是存在困难，但易淘星空还是为眉州东坡打造了比较成熟的订餐、支付平台——527美食速递系统。

这个系统平台打造好之后，极大地促进了眉州东坡的发展，订单量以每周20%的速度快速增长。到了2013年年底，眉州东坡的外卖销售每个月已经突破700万元。

眉州东坡利用这一系统完成了网上布局，顾客不但能够通过该系统在网上点餐、预订，还能在网上进行提前支付。这就使眉州东坡可以提前备餐，当顾客来店里用餐的时候就节约了等待的时间，提高了眉州东坡门店的翻台率。上线了"527美食速递系统"的眉州东坡已经搭建了完善的O2O系统，眉州东坡还在具体的操作上进行了优化改进。很多时候，眉州东坡店面的服务人员对网上订单表现得不是很积极，这无疑会影响网络用户的实体店用餐体验。为了解决这一问题，眉州东坡出台了"接到互联网订单3分钟之内处理，半小时内出菜"的硬性规定，以增加服务人员对网络订单的重视程度。并且针对网上订餐业务对服务人员进行考核，在销售额的基础上增加了很多细化指标，以此来提升眉州东坡服务人员的服务态度。

在O2O模式中，眉州东坡还整合了外卖供应链，并且对送餐流程进行规范，以确保眉州东坡的外卖服务更加优良。眉州东坡最初的外卖服务配送员工只是自己店里的员工，由于店员缺乏相关的培训，所以眉州东坡送餐的效率非常低，同时还存在送餐迟到、遗漏菜品、忘带零钱等方面的不足。为了彻底解决这一问题，眉州东坡开始与易淘星空合作，依靠其旗下的专业送餐队伍进行送餐。如果是眉州东坡门店附近的送餐就用自己的店员配送，如果是离门店较远的地方则使用易淘星空的送餐队伍配送。除此之外，眉州东坡还制定了标准化的服务流程，眉州东坡与易淘星空共给送

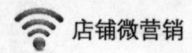

餐人员设立了200条准则，触犯每条准则都要进行相应的处罚。这些近乎苛刻的准则为顾客带来了高质量的用餐体验，并且极大地提升了眉州东坡的优质品牌形象。

【案例解读】

眉州东坡的O2O模式是比较成功的，成功的关键是它为顾客打造了一个方便快捷的交易平台。所以，对于店铺经营者来说，要懂得把这种O2O模式纳入到自己的店铺中来，为店铺与顾客之间的交易打造一个可以网上预订，实体店可以消费的平台。

O2O关键在于做好用户体验

店铺O2O要想获得良好的效果，关键在于能够方便消费者、优化消费者的消费体验。互联网时代，每天都会有许多新名词、新概念冒出来，但真正能获得成功的，还是真正关心消费者的店铺，也就是能够提升消费者体验的店铺。

在O2O模式下，店铺要做的是首先发挥实体店的服务优势，增强用户体验。将网络购物的过程中消费者最担心的问题，转化到线下来解决，这就是传统店铺在O2O模式下最有魔力的地方。如果仅仅把注意力放在线上购物上，那么是有很大的缺点的，因为线上购物很多时候是先付款才能看到货品，这样就存在很多无法避免的问题，比如商品质量低于消费者预期、品牌款式不适合自身、在线服务态度差劲等。这些情况的出现会给顾客带来不好的购买体验，长久下去就会导致顾客的流失。而店铺O2O很好地解决了这一问题，消费者在网上看中某种产品可以到实体店去购买，或在实体店看到相应的产品后到网上寻找相同款式购买，这样就可以解决单纯在线上购买产品存在的问题。

店铺O2O成功的关键是做好用户体验，而顾客的线上体验是必须重视的一环。随着移动终端的快速发展，店铺要想提高用户体验就要重视移动互联网终端渠道。随着智能手机的不断普及，消费与支付行为都变得更加便利，店铺O2O要打造良好的线上体验，就要高度重视移动互联网终端。让消费者可以直接在智能手机终端逛店，了解到新的商品上架和商品优惠信息等内容，并且完成购买行为。

在店铺O2O模式下，做好物流服务对于提升用户体验也起着非常重大的作用，对于传统的店铺网上购物来说，绝大部分的物流服务是第三方提供的，然而第三方的服务未必能够做得面面俱到，而在O2O模式下，电商平台和实体店结合，能够在一定的程度上减少第三方物流的影响，给消费者不一样的体验。如优衣库推出的"门店自提"活动，即在网店下单后凭短信再到实体店提货，这不仅可以有效降低运营、快递等成本，还能把网上的客人吸引到商场里来。

除此之外，店铺O2O要想为消费者打造良好的购物体验，还要做好线下体验，也就是说要在线下实体店方面给顾客良好的购物体验。实体店的氛围营造和接待服务是能否赢得消费者青睐的重要元素，好的服务和舒适的实体店购物感受能提升消费者对产品的认同，并提高店铺的知名度与美誉度。更多的消费者到店里去消费，消费的不是产品，而是服务，好的服务体验越来越受到消费者的重视，也最终影响了消费者的购买行为。

店铺要想提升用户购买体验，最重要的是把握服务至上的理念，而店铺要想做好这一点，就要做好导购信息，这种导购信息不仅仅只局限在产品的销售和服务信息，而是消费、口碑加上信息咨询、产品价格咨询等

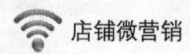
在里面的导购过程。如果是有不止一个店铺的话，就要保证客户无论想了解哪家店铺的哪种产品，都可以通过服务热线获得自己想要的信息，同时要设置专业的客服，来为顾客详细解答在购买前、购买中，或者购买后的一切问题。特别是在售后问题上，店铺要提供"正品保障""先行赔付""价格特搜"等增值保障服务，同时还要设立专门的投诉电话，对客户投诉的问题予以100%的解决，以此来为顾客打造良好的购物体验，让客户对店铺O2O系统产生十足的信任，从而促进销售。

不管是线上还是线下，可以知道的是要想让店铺O2O取得效果，店铺要做的就是结合互联网优势，提升用户购物体验，增加其购物信心，让其相信店铺的产品从线上到线下都是一样精良的，从而产生订单。

【经典案例解读】
美邦重庆体验店：靠提升用户体验取胜

O2O的最终目的就是打通线上与线下，让消费者享受无缝服务，所以，这也是店铺O2O取得成功的关键所在。美邦（本文中指"美特斯邦威集团"）重庆体验店就是因为做到了这一点而取得了成功。美邦是服装行业内公认的在O2O业务方面比较领先的企业，其电商起步较早，2013年，美邦在其他企业还在对O2O持观望态度时率先将O2O战略落地，2014年，美邦重庆新华国际店的O2O策略已经打通了线上线下，并且在为提升用户体验方面做出了很大的努力。

美邦重庆体验店是一家全品牌集成店，也是美邦开设的首家全品牌集成店，在这家店里，有美邦旗下的Meters/bonwe、ME&CITY、ME&CITY KIDS、Moomoo四大品牌，消费者可以从这家店找到从成人到儿童的所有美邦服装品类。这家店是典型的O2O模式，并且用体验完美融合了线上线下。

这家美邦店面积很大，总共有4层。美邦为了提升用户体验，在细节上下了很大功夫，在这家美邦的进店位置有一个万花筒电子屏，这个高科技事物的存在不但能够提升店铺档次，同时可以提高用户购物体验。在店铺内还有很多大小不一的球体，顾客可以在店里拍照留念，这就可以增加顾客的互动感。为了让消费者在店内逛累有休息的地方，美邦特意在四层开设了咖啡吧，消费者在店内逛累的时候可以坐下来喝咖啡。为了让消费者有美好的休息体验，美邦还在这层咖啡吧里提供免费阅览书籍，同时店内还有高速的Wi-Fi，顾客可以进入邦购网或登录美邦APP，继续线上选购。美邦用咖啡吧留住逛累的消费者，再用线上服务来进一步挖掘用户的购买需求，效果显而易见。

为了进一步提升用户体验，美邦重庆体验店还在每个楼层设置了"时尚顾问"的职位，而时尚顾问可以提供相应的搭配建议，美邦为时尚顾问每人配置了一个平板电脑，可以将搭配方案直接通过平板展示给消费者。除了"时尚顾问"外，这家店在试衣间还有内置在PAD上的搭配推荐系统，顾客通过这个系统可以看出具体的搭配效果，让顾客在试衣之前就能了解所选的衣服怎样搭配起来更好看。这套系统除了为顾客提供搭配方案外，还列出该商品的详细信息，让顾客可以轻松得知自己所选衣物的所有相关信息。

为了便于顾客购买，这家店还打通了线上支付，如果消费者看中了时尚顾问提供的搭配，并且通过试穿感到非常满意，但是在结账的时候又懒于排队，消费者就可以直接在时尚顾问的平板电脑上扫描支付，这家美邦店支持支付宝与微信两种支付方式。这种网上支付的方式为消费者购买产品提供了很大的便利，这就为消费者提供了良好的购物体验，如此就能增加成交量。

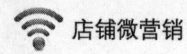

【案例解读】

这家美邦店的O2O模式是非常成功的，它做到了在提升用户体验的基础上实现了O2O的闭环，而其中设置"时尚顾问"、创建咖啡吧、做好线上支付、提供免费快速Wi-Fi等都是提升用户体验的重要手段。这就给店铺经营者以启示，要想真正做好店铺O2O，就要在提升用户体验上下功夫，这种用户体验的提升包括提升线上体验与线下体验两个部分。

 二维码：O2O营销的重要手段

二维码又称二维条码，它是用特定的几何图形按一定规律在二维方向上分布的黑白相间的图形，是所有信息数据的一把钥匙。在现代商业活动中，可实现的应用十分广泛，如：产品防广告推送、网站链接、数据下载、商品交易、信息传递、名片交流、Wi-Fi共享等。如今智能手机"扫一扫"功能的应用使得二维码更加普遍。在O2O营销中，二维码是最为重要的一环，它连接着线上与线下，起到的是桥梁作用。甚至可以这样说，没有二维码，就没有成功的O2O。

店铺要想通过二维码展开营销，第一步是要做好自己的二维码。现在制作二维码是一件非常简单的事情，可以使用专门的二维码制作软件或网站在线制作，生成图片后再进行使用。

比如，在百度那里搜索二维码工具，把网址复制上去，点生成二维码就可以了。

在O2O中，店铺期待的是通过二维码互动来引爆店铺的人气。互联网的发展，让二维码逐步走入大众的视野，很多店铺经营者常常会在服装、

化妆品、箱包的图文介绍等旁边加上相应的二维码，让读者通过扫描二维码的方式来跳转到店铺的购买页面，从这个层面上来说，二维码已经成为链接线上线下的高效通道，而在这个过程中二维码存在的意义是通过互动来增加产品人气。

比如JCPenney服装连锁商店的个性化送礼服务。零售商JCPenney通过二维码让顾客在礼物上添加个性化的元素，具体做法是，从任意一家JCPenney商店购买礼物后，你都会获得一个"圣诞标签"（Santa Tag）以及相应的二维码。扫描该二维码后，赠予人可以为接收人录制一段个性化的语音信息，然后赠予人把该标签像礼品卡一样塞在包装上。

对于店铺来说，二维码是线下到线上引流非常好用的工具。店铺还可以利用二维码，实现"拍码购物"、"拍码抽奖"、"拍码签到"、"拍码优惠"等等。买家通过扫描二维码直接进入你的手机店铺，配合手机专享或店铺优惠券，促进线下引流和二次购买。

除此之外，店铺要想利用二维码获得利润，就要明白把二维码放在什么地方。针对活动，促销，新品预热，首发等，店铺可以将对应二维码添加至对应的海报页面上。店铺还可以将二维码印制在包裹、宣传单、商品包装、杂志、广告、公交站牌、论坛，QQ群、微博、微信、帮派、售后服务卡等处，让你的店铺无处不在。这种方式，能够为店铺带来滚滚的客流。

二维码虽然在店铺O2O中起着至关重要的作用，能够让顾客通过拍摄二维码来了解店铺及其产品的相关信息，并能为店铺及其品牌积累充足的人气。但前提是顾客愿意去拍摄你的二维码，而要想让顾客拍摄你的二维码，就要给他们拍摄二维码的理由。虽然拍摄二维码不是一件复杂的事情，但并不是所有的用户都喜欢拿起自己的手机来拍摄二维码，企业唯有让二维码营销动起来，同时融入创意才能给用户一个动手拍摄的理由。比

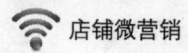

如，你开的是一家汽车4S店，不要仅仅用靓丽的模特来吸引顾客，还可以选择在模特胳膊上印上别致的二维码，在二维码拍摄后的转换内容里，可以设置和汽车相的信息，也可以设置该模特的姓名、身高等，这样就能让顾客在拍摄二维码后与车模展开消息互动。

在这方面不乏成功的案例，比如Turquoise Cottage酒吧用二维码作为入场印章。Turquoise Cottage是印度新德里的一个酒吧，为了让顾客度过一个美好的夜晚。他们在进店的印章上下了功夫，将以前传统的图案换成了二维码。顾客只要用智能手机对准二维码，就能访问Turquoise Cottage的网站。当顾客在晚上8点到10点扫描二维码的时候，他们能享受到夜店的某些饮料的折扣，如果时间是早上6点到下午4点，它还能提供宿醉提示。这种设置二维码的方式无疑是成功的，它可以激起顾客拍摄二维码的兴趣。

所以，要想让顾客对你店铺或者店铺产品的二维码有拍摄的兴趣，就要让二维码本身的设置要有趣、好玩，同时要对传统的黑白相间的二维码进行改造，让店铺或者产品二维码在形象设计上充满创意。

【经典案例解读】

苏宁：二维码助飞零售业大佬

零售业大佬苏宁坐拥1 700多家门店和每年千亿元的交易额，旗下苏宁易购也位列行业前三甲，二十余年的零售经验成为它的核心竞争力。虽然已经成为零售业大佬，但是苏宁易购远远没有满足，并选择将O2O当成自己的战略转型目标。

在O2O上，苏宁迈出的重要一步是在逐步实现商品品类、服务体验融合的基础上，推进线上线下融合。众所周知，对零售业O2O来说，最大的难题在于如何打破线下和线上渠道间存在的定价、服务，沟通等诸多障碍。苏宁为了全面实现O2O，在这些方面做了不小的努力。

2013年，苏宁就对其组织架构进行了全面的调整，其电子商务及其平台原有的采购、供应和定价等职能全部划归商品经营总部。2014年年初，苏宁又将负责线下门店的连锁平台经营总部与负责线上苏宁易购的电子商务经营总部进行整合，组建了"运营总部"。与此同时，其线上线下的物流、客服等部门也实现了全面的融合。而苏宁在O2O的过程中起到巨大作用的是二维码。

如今，在苏宁门店内到处可见苏宁无线移动客户端二维码下载标识，以及展示门店未出样但网上热销的二维码商品墙，包括图书、百货、日用品等，消费者可扫描二维码后进入苏宁易购界面直接下单。在2013年"十一"期间，许多消费者去苏宁门店却没有选择在现场购买，而是选择了用手机客户端扫描商品二维码后下单。从中我们不难发现苏宁在二维码营销上取得的成绩，而这种成绩的取得正是由于苏宁为营造一种不同于单纯电子商务或实体门店的新购物体验而做出了巨大的努力。

在经历微信"摇一摇"之后，"扫一扫"再度成为时下的新流行。而"扫一扫"背后链接的主要是二维码，苏宁对这种营销手段表现出了浓厚的兴趣，不管是在苏宁易购官网，还是在其官方微博，抑或是苏宁实体店与广告上，消费者都能看到苏宁易购的二维码。2013年4月，苏宁易购特别推出了以"青春易GO"为主题的大型促销活动。公司除了推出青春宣言、青春体、青春AB漫画剧等内容之外，苏宁易购还特别推出了二维码扫描应用。苏宁易购在二维码上的推出可谓是疯狂的，因为据不完全统计，此次活动苏宁易购在全国累计贴出了3 000多个二维码，总计扫描人次超过百万次，成为苏宁易购当前最火爆的移动应用APP之一。这次二维码营销活动之所以能够取得这么好的效果，就是因为此次二维码应用并非是简单的扫一扫、聊聊天，而是设置了不同优惠券，网友通过微信扫描苏宁易购

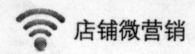

二维码即可轻松领取相应购物券。除此之外，苏宁还为用户打造了便捷有趣的移动购物体验，用户无须到门店，通过手机、平板电脑、和笔记本多种客户端就能完成不受地域限制的购物。

从中我们不难发现苏宁在O2O上做出的努力，也不难看出二维码在此过程中起到的巨大作用，正是因为二维码让购物过程更加便捷、更加享受，所以能够起到非常好的营销效果。

【案例解读】

苏宁利用二维码来打造成功的O2O模式告诉店铺经营者，在进行店铺O2O的时候要注重二维码的作用。同时，要懂得如何去设置自己的二维码，唯有成功的设置店铺二维码，才能真正实现店铺O2O，促进店铺的营销与推广。

 做好在线支付

随着互联网时代的不断发展，支付方式也随着互联网的发展而不断发展，而其中最大的一个发展是在线支付的出现。在线支付是指卖方与买方通过因特网上的电子商务网站进行交易时，银行为其提供网上资金结算服务的一种业务。在线支付为企业和个人提供了一个安全、快捷、方便的电子商务应用环境和网上资金结算工具。在线支付不仅帮助企业实现了销售款项的快速归集，缩短收款周期，同时也为个人网上银行客户提供了网上消费支付结算方式，使客户真正做到足不出户就可以实现网上购物。

在线支付也是店铺O2O模式能够持续有效的关键环节。O2O模式下，

顾客既可以获得线上产品展示带来的快捷流畅的信息体验，也可以拥有线下实体店体验产品带来的踏实放心。而联系这两个环节的就是在线支付功能。如果在店铺O2O中，没有在线支付，那么可能存在的问题是用户虽然在网上选好心仪的产品去实体店购买，这中间很可能产生无数的变数，因为一般人不会每天都出去买东西。如果是具备了在线支付，就能保障用户不会出现被其他因素干扰。这就告诉店铺经营者，店铺必须保障其在线支付服务的快捷与安全。

在店铺O2O中，在线支付功能非常重要，具体有两种，一种是网银支付，另一种是第三方支付。

1. 网银支付

网银支付是银联最为成熟的在线支付功能之一，也是网民在线支付的首选方式，是电子商务企业提供在线交易服务不可或缺的功能之一。在互联网时代，网银支付是有很大益处的。首先，高效低成本接入银行。合作店铺无须与多家银行一一接入，这就缩减了系统开发和维护的成本，无须任何网络硬件和人力成本投入，在线即可轻松实现收付。其次，无须开发即可集成。与银行紧密集成，建立一个从用户到银行的安全通道，提高用户对网站的信任度。畅通的支付途径，稳定的支付后台，保证交易的稳定性。

网银支付虽然很便利，也很安全，需要支付时完全是在银行网银页面输入银行卡信息并验证支付密码。而做好这一切的前提只是银行卡需事先开通网银支付功能。

2. 第三方支付

所谓第三方支付，就是一些和产品所在国家以及国外各大银行签约、并具备一定实力和信誉保障的第三方独立机构提供的交易支持平台。在通过第三方支付平台的交易中，买方选购商品后，使用第三方平台提供的账户进行货款支付，由第三方通知卖家货款到达、进行发货；买方检验物品

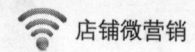

后，就可以通知付款给卖家，第三方再将款项转至卖家账户。第三方的支付手段是多样的，包括移动支付和固定电话支付。

最常用的第三方支付包括支付宝、财富通、环迅支付、快钱等，其中作为独立网商或有支付业务的网站而言，最常选择的不外乎支付宝、环迅支付等。

支付宝是国内先进的网上支付平台，由阿里巴巴公司在2004年12月创办，致力于为网络交易用户提供"简单、安全、快速"的优质支付解决方案。自2014年第二季度开始成为当前全球最大的移动支付厂商。支付宝主要有以下几种支付方式：快捷支付（含卡通）、网上银行、支付宝账户余额、货到付款、银联手机支付，等等。

环迅支付是国内首家通过PCI-DSS认证的支付公司，支持国际信用卡的3D、非3D在线支付，支持Visa、Master、JCB、Nets等国际卡在线支付，支持多语言支付页面、多种货币支付，无单笔交易限制，无接入站点限制，人民币直接结算，为外贸中小企业提供一套完整成熟的风险控制解决方案。环迅支付的风控措施一直处于行业内领先的水平，采用国际领先水平的A.N.T.信用卡反欺诈系统，有效地屏蔽国际信用卡中黑卡、盗卡的支付，同时对那些经常发生拒付的信用卡建立黑名单，从而为中小企业的外贸收款保驾护航。

在店铺O2O中，之所以要做好在线支付，是因为第三方支付模式有效地保障了交易各方的利益，为整个交易的顺利进行提供了支持。首先，在线支付比较安全。信用卡信息或账户信息仅需要告知支付中介，而无须告诉每一个收款人，大大减少了信用卡信息和账户信息泄密的风险。其次，使用方便。对支付者而言，他所面对的是友好的界面，不必考虑背后复杂的技术操作过程。再次，支付成本较低。支付中介集中了大量的电子小额交易，形成规模效应，因而支付成本较低。最后，支付担保业务可以在很大程度上保障付款人的利益。

正因为有这么大的优势，所以店铺要想做好O2O，就要做好在线支付。而随着互联网的发展，微信等移动应用的出现，让店铺在线支付更加方便，店铺可以通过移动应用绑定支付宝等第三方支付的方式来为顾客购买提供便利。在支付方式上做到快捷方便，就能给顾客带来良好的购买体验，并且促进购买行为的产生。

【经典案例解读】

天虹商场：微信支付提高顾客黏度

天虹商场股份有限公司是国有控股的中外合资连锁百货企业，在发展的过程中，天虹商场将始终坚持"有效益扩张"和"可持续发展"的原则，"立足珠三角、拓展长三角、辐射闽三角，面向全中国"，将天虹塑造成全国一流的零售企业，与顾客分享生活之美。随着互联网的发展，微博、微信等自媒体成为众商家首选的营销工具，天虹商场也充分利用了微信这一营销利器，并且通过开通微信支付提高了顾客黏度。

天虹商场的微信营销战略有自己独特的特点，因为在利用微信进行营销的过程中，天虹商场为顾客量身打造了会员系统，并且实现了与微信平台系统的无缝对接，另外一个有特色的地方是天虹微信公众账号还绑定了实体店会员卡，会员通过微信可以随时查询消费情况和积分信息，并且能够实现无卡购物。同时，顾客只要在天虹微信客户端利用手机上的"微生活会员卡"消费，就能享受打折服务。

天虹商场微信公众账号的功能是相当强大的，这种强大缘于天虹客户端有微信支付功能。如果用户在微信上购买商品，可以使用微信支付付款，并选择去门店提货或者快递到家，还支持货到付款。天虹商场的这一

微信促销手段不再是以推送信息、做优惠活动为主，而是通过网上支付的开通来实现线上购买、转赠、线下取货的整个购物流程。在这一微信支付功能下，如果顾客捆绑了银行卡号，就只需要打开微信选择好商品就能直接使用微信支付，整个过程是非常简单的。在微信支付功能的基础上，天虹微信账号还支持微信送礼。只要通过天虹微信平台，就能实现为好友空中送礼。天虹依靠这个功能，出售了100元、300元、500元、800元心意卡，380元、568元大闸蟹券等礼品。在这一微信功能下，用户只要在天虹微信公众账号点击"微信送礼"菜单，就可获取天虹"心意卡""谢意卡"的产品信息。点击"立即购买"，支付方式选择"微信支付"，购买所得礼卡在全国任一天虹实体店兑换消费，还可通过微信轻松推送好友，实现空中送礼。收到礼品的好友可以凭借收到的微信礼券到全国60家天虹商场中的任何一家去消费。

天虹商场利用微信平台真正实现购物线上线下一体化，而开通的微信支付功能更是吸引顾客，顾客只要在天虹微信上购物，选择门店提货或者快递到家，支持线上付款也支持微信支付，只需要最多两分钟。此外，已有实体卡会员可通过客户端实现会员绑定，打通线下会员卡与线上会员卡对接功能，顾客来天虹消费购物，仅需出示手机中的天虹微会员卡就可以轻松打折、积分等业务。这就是典型的天虹商场微信营销策略，在整个策略中起关键作用的是微信支付功能的开通。

【案例解读】

天虹商场的成功之处在于运用微信支付功能，使整个购物程序更为方便。这就告诉店铺经营者，要想成功做好店铺O2O，就需要打通线下线上，而其中最为关键的一环就是在线支付。所以，店铺要努力做好在线支付，以促进整个交易活动的顺利进行。

 经营的秘密：如何在会员身上找利润

在如今"预付消费"流行的情况下，相信每个人钱包里都装着一两张预付费的会员卡，每次光顾美发店、美容院、健身俱乐部、洗车行业也会常碰到服务员在你耳边不断地推销各种预付费的会员卡，而且多数伴随着"3 000元赠500元""5 000元赠1 200元""办卡本次免单"等种种诱人的折扣。这就是店家推出的会员服务，而会员业务也是店铺O2O模式中最重要的一个组成部分。

会员营销是一种基于会员管理的营销方法，商家通过将普通顾客变为会员，分析会员消费信息，挖掘顾客的后续消费力汲取终生消费价值，并通过客户转介绍等方式，将一个客户的价值实现最大化。店铺为什么要做好会员营销？相关数据显示：占20%的老会员，可以为店铺带来近80%的收入。众所周知，相比之下就消费成本而言，一个新会员的成本要远高于一个老会员。所以，商家引流入店过程中，抓好老会员，显得尤为重要。而会员之于店铺的益处，主要体现在以下4个方面。

1. 可以创建长期稳定的客户群。会员制营销要求企业着眼于提升会员与店铺之间的关系，它与简单的打折促销的根本区别在于，会员制虽然也会赋予会员额外利益，如折扣、礼品、活动等，但不同的是，会员一般都具有共同兴趣或消费经历，而且他们不仅经常与店铺沟通，还与其他会员进行交流和体验，这就能让店铺创建长期稳定的客户群。

2. 可以提升客户的忠诚度。当客户成为店铺的会员后，无论在商品交易价格或者某项特色服务上，都享有比普通消费者更高一层的服务待遇，这个强烈的对比无形中刺激了相当一部分顾客的加入，从而促进了销售的

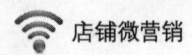

实际增长。当然，成为会员的这部分顾客也产生了自有的优越感，这种优越感能够提升顾客的忠诚度。

3. 可以带来相当可观的收入。会费虽相对个人是一笔小数目，但对于会员众多的店铺来说，称得上是一笔相当可观的收入，它往往比销售的纯利润还多。同时，会员制可以促进消费，为店铺创造长期稳定的销售收入。

4. 可以提高店铺产品开发能力和服务能力。店铺通过忠实的会员身上，可以从与顾客的交互过程中了解客户需求，从而可以得知客户对店铺以及产品的要求，这无疑能够提高店铺新产品的开发能力，以及店铺的服务能力。

从中不难发现会员营销对店铺的发展起着非常重要的作用，而在会员营销中会员卡起着非常重要的作用。虽然会员卡现在"臭遍街"了，但对于店铺来说效果是非常好的。

首先，会员卡可以有效地提高利润。推行会员卡主要作用就是吸引新顾客，留住老顾客。长期有效地聚集大批客户，最大限度地挖掘出潜在客户资源，使企业的销售额和利润额得以迅速提升。其次，会员卡使用方便。针对于连锁经营，顾客只需持一张会员卡，即可在属下任何一家分店购物消费，极大地方便了会员，同时可以提高店铺的知名度。

再次，方便消费。会员卡可作为电子钱包使用，预先收取顾客的存款，在每次消费时从会员卡上扣除本次消费金额，无须使用现金支付，免去找零的烦恼。

最后，可以充分利用客户资源。通过会员卡可以分析会员的消费信息，制定出有针对性的促销措施，为会员提供更为贴心的服务。与会员形成互动，加深印象，促进消费。

虽然会员营销对店铺发展有非常重要的作用，但做好会员营销不是简单的事情。对于店铺来说，要想做好会员营销，就要做好以下两步。

第一步是积累客户资料。积累客户资料是会员营销的第一步，店铺要把客户所处地区、手机号、Email、身高、发质、肤质等搜集起来，以此作为店铺会员营销的基础，并且分析判断出顾客具体的消费金额、消费周期、是否参与优惠活动等。

第二步是划分客户等级。根据顾客是否发生购买行为，可以将其分为订购客户和非订购客户。根据客户的购买次数、购买金额，可以将订购客户分为普通会员、高级会员、VIP会员和至尊VIP会员，依照客户等级在产品、服务以及价格上做出等级特权差异化。

发展会员并不是店铺进行会员营销的最终目的，维护会员的忠诚度，并促进消费行为的产生才是目的。而要想真正维护好会员的忠诚度，并促进消费行为的发生，就要让会员享受到特权。而具体的特权方式包括以下4个方面。

1. 享有优先和优惠权利。店铺要给予会员享有优先消费的特权，以及享受一定的商业促销优惠和消费折扣等价格优惠的特权，这些消费来的好处远远要高于会员交纳的会费，因此对消费者具有很大的吸引力。

2. 要能够显示会员的身份和地位。店铺要允许会员在消费和享受服务出示会员卡时，可以获得特别的待遇，如此就能让会员产生优越和荣誉感，这样就能刺激他们消费的欲望，并保持对店铺的忠诚度。

3. 参加会员活动。店铺要为会员定期举办联欢晚会、郊游、竞赛活动等相关活动，让会员与店铺、会员与会员之间互相交流感情、沟通信息，这样不但能够丰富会员生活，同时还能够增加店铺与会员之间的情感联系，维护会员的忠诚度。

4. 享受特殊服务。店铺除了要向会员提供价格优惠之外，还要善于为会员提供各种服务项目，以满足会员的不同需求。如零售企业提供免费送货、免费安装等服务，等等。

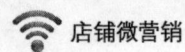

第八章　APP：移动互联网时代店铺营销革命

 店铺如何制作精美的APP

前瞻产业研究院预测：2018年，中国企业级移动应用市场规模将达439.3亿元，年均复合增长率达33.8%，企业级APP生产圈和市场未来将已经形成非常大的规模。这就说明APP营销有很大的潜力可以挖掘。事实也正是如此，APP作为一种有效的营销工具，已成为企业在移动终端的竞争平台，并与微信在企业移动营销中扮演着重要的角色。拥有属于自己的APP已是企业运营的当务之急，对于开店来说，同样要如此。

开店进行APP营销最关键的是要有属于自己的APP，对于传统店铺店来说，给自己的店铺制作生成一个手机店铺APP对于店铺的营销推广具有很大的推动作用，而店铺APP的制作通常包括以下几个步骤。

第一步，准备好APP制作材料。店铺APP制作材料主要有两个，一个是智能手机，另一个是微店客户端。APP是建立在智能手机上的，智能手机是制作APP的必备条件。微店客户端是帮助卖家在手机上免费开店的软件，也是制作APP时必须具备的一个条件。

第二步，下载微店手机客户端。制作人员可以首先打开百度，输入"freeweidian.com"，找到微店手机客户端网页，打开网页到软件下载栏目下载微店客户端，并把它装在自己的智能手机上。

第三步，在手机上打开下载好的微店客户端，根据相关的提示来注册帐号，开设自己的店铺，上传自己产品的图片。

第四步，打开自己的店铺，在店铺页面点击本店APP，进入手机店铺APP生成制作页。此时可以看到页面上有可以将店铺生成安卓版、苹果正式版、苹果越狱版的选择提示。店铺经营者可以根据自己的需求选择所需要生成的版本，而版本的选择要根据自己的手机系统来确定，苹果系统之外的手机大多使用的都是安卓系统，此时可以选择安卓版，如果是苹果手机，则可以选择苹果正式版、苹果越狱版。

第五步，选择好版本后，会进入生成安卓APP页面，在这个页面，系统会提示填写应用名称，应用名称不能超过6个汉字。除此之外，还要上传应用图标，所谓的应用图标指的是店铺的logo，图片的大小要求时120*120。填写完毕后，可以点击确认生成，此时就可以看到APP已生成的状态。

第六步，管理APP。生成店铺APP后，点击进入管理可以看到"您的应用已生成，您可以分享给好友或下载应用上传到手机应用市场供全国网民下载。"这就意味着一个APP已经生成。

以上仅仅是制作APP的步骤，然而要制作精美实用的APP仅仅依照步骤来做，还远远不够。精美实用的APP可以视为店铺在移动端的"专卖店"，可以展示店内的商品，还可以通过一系列的特色功能强化店内体验、简化购买流程以及与消费者进行创意生动的沟通，并最终实现移动终

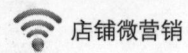

端与实体店面的结合，加速完成O2O产业链的交易闭环。这才是一款成功的APP。我们可以拿餐馆的APP来进行说明，精美实用的餐馆APP，不仅要在外观上做到精美，并且还要具备精美的菜色推介，提供在线订位、点餐、外卖服务，促销每日特惠菜品，帮助企业指引顾客到店，一键分享良好的服务体验五种功能，这样的APP才是成功的APP。

所以店铺在制作自己店铺的APP时，可以根据行业特点，店铺特色来打造属于自己店铺的APP，在做到制作精美的同时，还要方便消费者通过APP来了解店铺及产品信息，并且可以在APP上轻松完成消费、分享等行为。这样的APP才能不仅为店铺拓展新客户，更能增强老客户的粘性，促进多次消费。

 ## APP成为店铺营销传播新渠道

APP是英文Application的简称，特指智能手机的第三方应用程序。在2013年年底，我国手机应用商店的注册用户数达到1.5亿，这一数字无疑投射出我国3G业务市场的迅猛发展，在中国超过9亿的手机用户规模中，手机上网用户已经突破了4.5亿户，且这一比例还在持续上升。这些数据告诉我们，是否已经进入APP时代虽然还不能妄下断言，但随着智能手机的发展，手机APP已渐渐成为移动互联网营销传播的新渠道，这是不争的事实。而APP营销已经成为现代企业进行营销的一种重要手段，对于店铺营销来说，同样要看到APP营销对于店铺发展的重要意义。

APP营销即应用程序营销，是指通过定制手机软件、SNS及社区等平台上运行的应用程序来开展的营销活动的总称，当前的APP营销多指第三

方智能移动平台的应用程序营销。与传统移动媒体营销相比，APP营销拥有无可比拟的优势。传统移动媒体主要是以短信形式为主，让消费者被动的接收产品或品牌信息，而APP营销是企业将产品或品牌信息植于应用制作，通过用户自身主动下载，在使用应用的过程中达到信息传播。这也是店铺要把APP当成店铺营销新渠道的重要原因。具体来说，店铺利用APP展开营销有以下4种好处。

1. 精准性高

APP一般都是用户主动下载的，如果用户下载了店铺APP，就说明用户对店铺有兴趣。而APP都会提供分享到微博、人人等社交网站的功能，这就能够影响具有同样兴趣的目标群体。同时，APP还可以通过收集手机系统的信息、位置信息、行为信息等，来识别用户的兴趣、习惯、收入水平等数据。这些数据就能让店铺展开精准营销。

2. 用户黏性强

互联网的发展带来了智能手机的飞速发展，手机已经成为现代人生活中不可缺少的一部分，甚至是在上厕所时还拿出手机把玩。被用户下载的店铺APP就会一直在用户的手机里，用户就会经常在翻看手机的时候注意到店铺的APP，这样就能不断加深用户对店铺的印象，从而增强用户黏度。

3. 互动性强

APP与以往的营销媒介来说互动性更强，APP具有文字、图画、视频等，能够为用户带来前所未有的互动体验。而且，APP还打开了店铺与人的互动通道，通过在内部嵌入社交平台，使正在使用同一个APP的用户可以相互交流，这种互动式的交流能够提升店铺的口碑与用户的品牌忠诚度。

4. 便捷性高

与传统营销模式大有不同，方便是手机营销的最大亮点。利用随手就

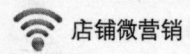

能获得信息的手机APP进行营销，可以让用户轻松接受，信息受众面也很广。手机APP软件不再受时间、地点的限制，APP制作能够为企业提供完全契合其产品特点的整套营销推广服务，同时，还能帮助店铺为其进行移动端的客户管理。对店铺来说，带来的是整套营销APP推广。于客户而言，提供的是便捷的随身服务。从而促使客户与商家之间建立起紧密的联系。

从中我们不难发现，APP营销对于店铺发展具有很大的促进作用，但是店铺要想利用APP营销取得良好的效果，就要注意到3点。

第一点要明白在互联网时代，营销的重点不再是出镜率与知名度，而是趣味与创意，是优质的内容。让用户在快乐和享受当中发现自己的潜在需求，他们自然会选择你的产品。

第二点要频繁地发布一些有趣的段子，并积极和粉丝互动。长期积累下来，已经拥有数量巨大的粉丝。有了这么大的活跃粉丝群，在推出APP或者其他营销项目时，就顺风顺水了。

第三点要在店铺APP营销时适时提醒用户的潜在需求，这种方式更加贴近用户的心理预期，不会产生排斥。同时，广告植入一定要选在能激起用户需求的时刻。要知道，用户喜不喜欢你的产品，不仅取决于他在事实上需不需要你的产品，也取决于他有没有意识到自己需要你的产品。

【经典案例解读】

柚子舍：利用APP获取精准用户

柚子舍网站于2010年10月10日10时10分正式上线，柚子舍创建的目的是做中国最好的女性购物平台，为时尚女性打造个性护肤精品店，致力成为具有优质产品和服务的网上购物中心。随着互联网的发展，微博、

微信等营销利器的出现，柚子舍也开始布局微信营销，并且取得了良好的效果。

柚子舍开通官方微信开通以来，柚子舍把微信当作跟用户之间快速连通、常常紧密接触的一个有效方式。柚子舍的微信账号不仅仅是一个购物商城，更是可以和客户一起互动，一起玩的有趣玩意儿。柚子舍这种有趣的方式对微信粉丝转化率的提高起到了很大的作用。为了进一步发挥微信营销的作用，柚子舍官网还开通了微信支付，以带给用户更好的购买体验。从之前的网银、支付宝，再到如今的微信支付，至此，柚子舍率先打通了所有的线上支付环节。而微信又几乎是每一位智能手机用户的必备应用，增加微信支付这种新支付方式，无疑给用户的支付提供了又一个选择。正是依靠这些方式，柚子舍的微信营销取得了良好的效果，粉丝的增长量每周大概有5 000个。

柚子舍拥有这么高的粉丝增长量，很大一部分原因是柚子舍利用APP获得了精准用户。APP与微信关联的重要性，已经被较多的公众微信号所认可并利用，但APP的作用更多是帮助商家与粉丝进行常规互动，而利用APP作为推广手段的并不多见，柚子舍率先推出"美丽真相""明星脸"两个与美容护肤相关的测试，可以通过微信互动，测评出网友的皮肤状况及年龄情况。这一APP可以有效地吸引女性用户，并且根据科学的人脸分析对微信粉丝进行较为精准的分类。

柚子舍利用APP精准寻找用户的方式无疑是非常明智的，柚子舍要做的是选择某一最时尚、最健康的原材料作为商品成分，针对20～45岁年龄层的时尚女性肌肤问题做专业的产品，将优惠的价格、热情专业的服务提供给每一位柚子舍的会员。它把"帮助中国时尚女性最低成本轻松解决形象美、身体美、工作美、生活美的需求"当作自己的使命，其目标人群是20～45岁的时尚年轻女性，而利用APP率先推出"美丽真相"与"明星

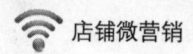

脸"两个与美容护肤相关的测试，则能吸引目标人群的极大兴趣，在宣传了柚子舍的同时，能把很多参与这两项测试的年轻时尚女性转化成自己的粉丝。

【案例解读】

柚子舍利用APP寻找目标客户的做法告诉店铺经营者，要重视APP营销对于店铺发展的重要作用，并且把APP营销渗透到店铺营销的每一个环节，依靠APP来寻找目标客户群，依靠APP来宣传推广店铺以及产品等。

 店铺APP营销四大模式

店铺APP营销要想取得良好的效果，就必须有优秀的营销模式，而店铺APP常见的营销模式一般有4种：用户参与模式、植入广告模式、购物网站移植模式、目录营销模式。

1. 用户参与模式

这种营销模式主要指的是店铺把符合自身定位的应用发布到应用商店内，供智能手机用户下载，用户利用这种应用可以很直观地了解店铺的信息。用户是应用的使用者，手机应用成为用户的一种工具，在这种营销模式下，用户可以深入了解店铺及其产品，增强产品信心，提升品牌美誉度。

在这一模式下，店铺的具体做法可以是通过App终端，把商场每个阶段促销信息，活动信息体现到客户的手机上，同时将店铺最新的品牌，最新的款式展现出来。同时，鼓励顾客把店铺最新的动态分享给好友和粉

丝，并可把其当成电子会员卡，展示终端的客户就可以享受一定的折扣优惠和积分累计。

这种模式对于店铺APP营销来说具有很大的好处，但同时也有一定的缺点，因为这样的模式需要店铺在制作自己的APP时在前期投入较大，然而在后期却不需要做投入，这对店铺APP营销是有推动作用的。

2. 广告植入模式

植入广告是APP营销当中最常见的模式，店铺通过在功能类、游戏类APP中植入动态广告链接的方式打广告，用户点开链接就是店铺的介绍、销售页面。这种APP营销模式对于店铺营销来说是有很大的推动作用的。

靠植入广告的方式来进行APP营销取得良好效果的案例有很多。美邦就是其中的一个典型。利用社交应用APP植入广告，服装品牌美特斯邦威在一个月时间内，其新品服饰推广就收到2.8万多份参赛作品，其中符合参赛标准的1.5万多份作品获得了28万多人投票，也就是说，平均每个作者要发动18个好友投票，产品信息也就被传递了18次之多。通过这个案例我们不难发现广告植入模式对于营销推广所起到的巨大作用。

就此我们可以得知，店铺在高人气、娱乐性强的APP中合理植入广告品牌信息，借助APP的人气及流量，根据自身的品牌定位和产品的属性，定制新的APP应用，这样就能让店铺与消费者建立良好的互动关系，使店铺获得更有效的客户群。

3. 购物网站移植模式

这种模式基于互联网上的购物网站，是购物网站的手机APP化，简单地说就是把店铺按照购物网站的方式以手机APP的模式搬到手机上来，因为手机可以随身携带，所以用户可以随时随地浏览店铺的网站，从中了解查看店铺的信息、产品的信息，以及相应的优惠活动。如果打通了支付功能，还可以在手机上进行购买、支付。在这种APP营销模式下，顾客可以

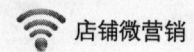

方便快捷地查找自己需要的信息，并快速完成购买行为。这对店铺的顾客维护、促进销售是非常有利的。

4. 目录营销模式

目录营销是指运用目录作为传播信息载体，并通过直邮渠道向目标市场成员发布，从而获得对方直接反应的营销活动。严格意义上说，目录并不是一种独立的直邮营销媒介，它只是直邮营销的一种特有形式。

目录营销的好处，对于消费者来说，首先是能够选得仔细、买得方便。同时，目录销售还向人们传播不一样的生活方式。相比传统实体店、商场和超市等，消费者通过目录销售购买商品，不仅省时，而且省钱。对于店铺来说，采取目录营销不仅省去了店面投入一块，而且其效果比一般广告还要好。在广告市场日益拥挤的今天，一次广告投放很难完全展示一个品牌，但是目录营销却不一样。因为它可以详细地介绍几十种乃至上百种商品的信息。除此之外，印制精美的目录，令人赏心悦目。由于目录一般使用上档次的纸张印刷，而且图文并茂，综合运用美术、摄影和色彩技巧，利于对顾客产生感情诉求，敦促其做出购买决定。

而店铺可以充分利用目录营销的方式，把商品编号、规格、尺寸、颜色、店铺的姓名、通讯地址、邮编等制作成目录。并且结合目录推出手机APP，这种营销模式对于店铺的发展是非常有利的。

【经典案例解读】

宜家IKEA APP：目录营销轻松赢得客户

宜家（IKEA）可谓是无人不知，无人不晓，宜家能够享誉世界，与它的营销策略有很大的关系，而目录营销就是宜家营销策略中最为重要的一个。

宜家的产品目录，可以理解为是一本降价促销手册。宜家的第一本产品目录是1999年出版的。当时，宜家试探性地印刷了32页，没想到目录营销从此在宜家的营销战略中占据了非常重要的位置。宜家2003年、2004年的产品目录中，降价和创意是两个重要组成部分。2005年的产品目录中，降价表现得更为明显。宜家目录永不衰竭的营销法宝，即对新中产阶层生活方式的有益引导、不断掀起降价风潮以促进销售。每年9月，宜家都会推出一本新品目录册。宜家这样做就是为了通过精美的目录册进一步巩固品牌形象，提升品牌美誉度和顾客忠诚度。

随着互联网的发展，手机APP成为新的营销阵地，宜家也发起了抢占，开发出IKEA APP。这款APP的打造给顾客提供了方便快捷的交易平台，顾客通过这款APP，仅仅使用手机就可以打造自己喜欢的家具风格。与其说这是宜家的移动应用，不如说它是宜家目录营销的数字升级版。

IKEA APP对宜家来说就是一本不断更新的宜家目录，因为在这款移动应用上，顾客可以获知宜家产品、配送服务、优惠活动的所有信息。除此之外，IKEA APP还融入了手机地图功能，顾客可以通过这一功能寻找到附近的宜家和前往宜家的路线。同时在顾客前去实体店之前，顾客还能通过这款APP查询到实体店的区域分布状况以及营业时间、促销活动等信息，或者直接从中挑选自己中意的产品、查看产品的库存、自助提货点，等等。

之所以说IKEA APP是一个目录，是因为这款应用里有家具的标准尺寸，目的是方便顾客知道自己需要的家具究竟是什么尺寸的。通过这款软件中的"增强现实技术"来推测家具的实际大小，然后将家具与家中的实景进行匹配，这样，顾客就能在手机屏幕上清晰地看到自己所需要的家具摆在家里的具体形态。举个例子进行说明，比如顾客想买一套沙发，但是在购买之前想知道沙发摆在客厅时的效果，那么顾客就可以下载该APP，

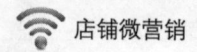
并扫描宜家商品目录上自己需要购买的产品，将宜家目录放在自己想要摆放沙发的位置，然后用手机对着该目录拍张照片，该目录在照片里就会变成一个真实尺寸的三维沙发，如此，顾客就可以在手机屏幕上看到沙发摆在客厅里的样子。

宜家的目录营销是明智的，通过向锁定的消费群散发目录手册的方式，远比铺天盖地的广告廉价和有效得多。因为IKEA APP制作精美，融家居时尚、家居艺术为一体，对于无暇上街购物的忙碌人群来说不但能够得到很好的体验，还能足不出户买到自己心仪的家具。

【案例解读】

宜家目录营销战略的成功告诉店铺经营者，在开展店铺APP营销时，可以采取用户参与模式、广告植入模式、购物网站移植模式、目录营销模式4种，而目录营销则是店铺APP营销中比较有成效，也比较节省，比较方便快捷的一种。

 店铺APP营销的三大策略

店铺在利用APP进行营销的时候，除了要掌握好店铺APP营销的四大模式外，还要掌握APP营销的三大策略，店铺开展APP营销的策略通常有以下3种。

1. 刺激用户参与，积极互动

社会化网络时代用户的行为已经不再是简单的接受来自店铺的直接营销宣传，而是从自身需求出发，透过对自身的全方位分析，评估可购

买性，以此决定最后的购买行为。店铺APP营销注重的是这种与消费者深入的对话，任何店铺在展开APP营销的时候都应该清楚了解用户的行为习惯，依靠什么样的方式刺激用户参与，采用什么样的方式积极与顾客展开互动。

也就是说店铺在进行APP营销的过程中，只有深入挖掘用户需求，准确把握用户所想、所求，引发用户心理互动，才能最大限度地引导其参与其中，成功地向用户进行营销。事实就是如此，谁能充分利用消费者碎片化的APP使用时间，最大限度地与用户进行随时、随地、贴心的交流，谁就能在互动中达到拉近与消费者距离的目的，抢占APP营销的先机。

要想真正刺激用户参与，积极互动。就要让用户看到利益，也就是说店铺要站在客户的立场上，诱导客户拥有产品的利益与收获，以及不买的种种遗憾，达到激发客户购买欲望的目的。除此之外，要懂得用优惠信息、打折活动等刺激用户参与的欲望。

2. 要突出实用性，以吸引用户

对于店铺APP营销来说，体现店铺产品的实用性是最重要的。这就涉及店铺产品的设计，现在的店铺经营者常常会打造重外表不重内在的产品，认为唯有这样的产品才能吸引顾客，然而真正能够吸引顾客的是产品的功能，即产品能够解决顾客具体的需求。顾客购买产品最想获得的是产品的实用性，产品实用性强才能最大限度地吸引用户，基于这一点做店铺APP营销才能获得成功。

不但产品本身要注重实用性，店铺APP同样要注重实用性。店铺APP要想具备实用性，就要做得比较全面，具体来说就是将店铺指南、优惠信息、停车场、休闲游戏等众多功能集于一体，向消费者清晰地展现每一层的位置分布，细分到安全通道、电梯等。还可以通过APP设置停车场服务，具体方式是在停车场内设置多个二维码，消费者只需要通过APP扫

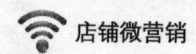

码就可以方便地在取车时找到自己车辆所处位置。这样便捷的店铺APP服务，实用性是非常强的，能够吸引用户，促使用户到店消费。除了这些实用性外，店铺APP还需要能够为用户的学习、工作、生活带来便捷。这些实用性对用户也具有很强的吸引力。

3. 把握用户心理，引起共鸣

店铺开发APP的目的就是要用户去使用，因此在用户还不知道店铺APP的时候需要通过营销手段让APP信息到达用户。而在营销推广的过程中，最明智的方法是把握用户心理，引起用户的共鸣。店铺在进行APP营销的时候一定要把握用户的使用心理，深入挖掘用户需求，把运营做精细。只有引起消费者的心理共鸣，店铺才有机会向他们推荐自己的产品。

比如，品客薯片有一次为配合音乐节的到来量身定制了一款APP，整合事件营销，借势一年一度的夏季音乐节，利用音乐节的热潮与这款APP的推出来促销自己的薯片。这款APP就是针对用户需求、喜好而进行营销的。这款APP极大地满足了用户追求欢乐、轻快的生活方式，乐于分享的心理诉求，激发了消费者与品牌的共鸣。正是因为把握了用户的心理，让品牌与顾客产生了心理上的共鸣。

就此我们可以得知，店铺在进行APP营销时要在引起共鸣上下功夫，而要做到这一点就要抓住目标人群兴趣点的元素相结合，比如猎奇、分享、健康、感性、虚荣，等等。

【经典案例解读】
西门子时尚厨房APP：靠实用性取胜

西门子作为家电品牌，不仅在国内具有很大的声誉，即使是在世界上也是声誉满满。移动互联网的到来，让APP走进大众的视野，并且在营销领域越来越受到重视。利用APP营销要取得效果，就要掌握一定的APP推行策略，而实用性就是其中最见成效的一种策略。西门子时尚厨房APP就是靠实用性取胜。

西门子时尚厨房APP是一个免费提供时尚菜式的精美实用的APP应用，从推荐菜谱、定制食谱，到烹饪视频，堪称厨房生活的典雅伴侣。APP安装到手机或者iPad上之后，能够很方便地拿在手边随时查看步骤，避免了多次往返于厨房和电脑前的尴尬，也无须再翻阅纸质菜谱，弹指之间便能烹制精致美食。

西门子时尚厨房APP的实用性是显而易见的，其在最初发布版本上有推荐菜谱、视频饕餮、定制食谱、时令美食、微博分享5个板块。随着版本的不断更新，逐渐加入了产品介绍和品牌直营店等板块。值得一提的是，打开西门子的时尚厨房，按钮无处不在；打开时尚厨房，准备精美大餐；打开时尚厨房APP，学做时尚美食家；上传美食作品，微博美食送大家。这就足可以看出西门子时尚厨房APP的实用性，而APP本身也充分强调了自己的实用性："你能想象有朝一日，因为有它……你无须再翻阅纸质菜谱，弹指之间便能烹制精致美食；你的厨房从此与众不同，成了你时尚家居生活的中心！"

打开这款应用之后，界面左上方是美食图片，左下方则是该美食的简介与材料说明；右侧配有详细制作说明，右下方则会推荐制作这款美食的厨具。这款应用的实用性还体现在这款软件详细介绍了各种美食的做法，这种介绍贯穿了从食材的挑选到烹饪的步骤，这其中的每一个细节都十分详细，即使是没有烹饪经验的人也能按照软件中所描述制作出美味佳肴，让用户不再为自己的厨艺感到烦恼。

这就是西门子打造的一款实用性移动APP，在这款移动APP中，西门子公司没有直接宣传自己的电器，而是靠较强的实用性来吸引客户，把其

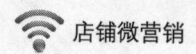

产品宣传信息融入菜谱介绍当中。如此做能够极大吸引用户关注的兴趣，这就极大地提升了自身产品的推广与营销的力度。

【案例解读】

西门子时尚厨房APP在进行营销的时候，没有单纯地宣传产品信息，而是利用实用性抓住用户的关注，进而达到产品宣传的目的。这给店铺经营者的启示是：在进行店铺APP营销的时候要制定有效的营销策略，而注重实用性是最为明智的。

第九章　大数据营销：小店铺同样要有大数据

 大数据就是店铺资产

随着互联网时代的不断发展，店铺在市场竞争中面临着巨大的挑战，电子商务的快速增长，也正在颠覆传统店铺的格局。值得庆幸的是，脱胎于互联网的大数据正在给店铺的发展提供新的可能，不管是对网上店铺来说，还是对传统店铺来说，基于客户大数据的采集、分析和应用，都将成为改变店铺竞争格局的关键所在。

所谓大数据，是指企业产生的大量无规律可循的数据和交易型数据。当下企业界热议的大数据价值，是指与企业有关的市场、客户和合作伙伴的偏好、消费及行为习惯的海量数据积累、分析和挖掘，在技术应用的支持下，其商业价值正快速释放，成为商业创新的动力。对于店铺来说，大数据就是最重要的资产。

大数据对于店铺发展的重要作用有两个，一个是不会引起反感。移动

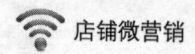

互联网时代一切都讲究价值，如果店铺打出的营销牌不能满足用户的价值需求，就会轻易地遭到忽略。而数据分析会增加店铺的营销精准度，让店铺提供的信息更符合用户的胃口。另一个是可以做到持续营销。数据越是经过积累越有价值，店铺可以定期向消费者发送他喜欢或需要的信息，通过得到的反馈不断优化数据分析结果，这样店铺的营销就能做到持久地有效，甚至是越来越有效。

之所以说大数据是店铺的资产，是因为店铺能够从大数据中挖掘财富，而具体挖掘财富的方式主要体现在以下两个方面。

店铺利用大数据可以提升决策正确度。店铺在制定相关策略的时候，最害怕的是没有相应的依据，而大数据则为店铺制定正确的决策提供了依据。对于店铺来说，大数据可以发现消费规律在什么方面，特别是怎样针对重点客户展开推销。同时还可以挖掘促销活动对各种顾客的敏感性，从而可以做到针对不同顾客开展不同的营销策略。正是因为大数据对店铺做决策有这么大的作用，所以很多店铺都会创建属于自己的一套数据分析系统，通过这套数据分析系统，店铺可以从中挖掘顾客消费的特征，发现顾客品牌消费的特征。这就为店铺制定营销决策提供了最好的依据，从而提升决策制定的准确度。

店铺凭借大数据可以提升推荐成功率。大数据在零售业中的应用最为广泛，在店铺经营的过程中同样广泛，并且也更为重要。店铺可以对追踪、记录、统计和分析顾客留下的各种信息进行大数据分析，店铺还可以把这些数据搜集起来，并且为每个顾客建立档案。这就相当于把每个顾客的喜好、习惯等摸得一清二楚，如此就能对这些顾客展开针对性的商品和服务。这无疑能够提升店铺产品推荐的成功率。

从以上两个方面，我们不难发现大数据分析对于店铺发展的重要性。大数据分析虽然对店铺的发展有很大的作用，但需要的注意的是，大数据的应用前景虽然无限，但市场是有限的。所以，哪个店铺能够率先利用大数据积累营销信息，开创新营销方式，就能在竞争中占据优势地位，并为店铺带来更多的利润。

【经典案例解读】

沃尔玛：沃尔玛的数据挖掘

如果走进美国的沃尔玛超市，就能看到这样的情景，在货架上尿布和啤酒摆在一起，这是在所有的超市里都不曾有过的摆法。但这个完全不合常理的奇怪举措并没有影响两种商品的销售，相反，尿布和啤酒的销量双双增加了。而这一摆法，就是在大数据分析的情况之下做出的。作为世界顶级商业零售连锁企业的沃尔玛拥有世界上最大的数据仓库系统，这一数据仓库系统可以称得上是沃尔玛的财富，因为沃尔玛超市的很多决策都是在数据仓库系统提供的数据的基础上制定的。

为了能够准确了解顾客在其门店的购买习惯，沃尔玛利对其顾客的购物行为进行购物篮分析，目的就是通过数据分析来了解顾客经常一起购买的商品有哪些。为了得到这一数据，沃尔玛数据仓库里集中了其各门店的详细原始交易数据。然后利用NCR数据挖掘工具对这些数据进行分析和挖掘。由此，沃尔玛数据仓库最终得出的结论是："跟尿布一起购买最多的商品是啤酒。"这一结论的得出是让人感到惊讶的，也是难以让人信任的。

沃尔玛在刚得出这样的结论时也持怀疑态度，所以他们对这一数据分析结果进行了调查分析。经过大量实际调查和分析，最终揭晓了这种答案存在的原因：在美国，一些年轻的父亲受太太们的叮嘱会在下班后到超市去买婴儿尿布，而这些人中有将近一半的人在购买婴儿尿布的同时也会选

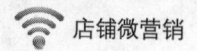

择买一些啤酒。这最终导致的结果是尿布与啤酒一起被购买的机会很多。依靠这种结论，沃尔玛门店最终制定了将尿布与啤酒并排摆放在一起销售的做法。而这一做法也为沃尔玛门店的销售额做出了贡献，也就是尿布与啤酒的销售量双双增长。

这就是大数据分析对沃尔玛的发展带来的益处，大数据分析让沃尔玛创造了"啤酒与尿布"的经典商业案例。除此之外，沃尔玛还在2013年对大数据分析进行了创新性运用，具体的做法是打造一个实验室，专门对Facebook等SNS进行数据分析。然后根据结果定向推荐，再调动供应链补货。这种大数据分析方式的运用，对沃尔玛的发展也带来了极大的促进作用，它促进了推荐的成功率，同时也降低了库存压力。

从中我们可以发现，沃尔玛是非常重视大数据分析的重要作用的，为了进一步做好大数据分析，沃尔玛收购大数据分析创业公司Inkiru，Inkiru是一家专注于大数据的数据分析服务商，帮助公司评估和分析客户行为、转化率、优化电子邮件广告、减少成本支出等。该公司近日被沃尔玛收购、并整合到Walmart Labs，这无疑能够加强沃尔玛的线上业务。

同时，沃尔玛还在掘金"快数据"上下功夫。由于Twitter信息、Facebook帖子和博客等信息产生的数据流速度很快，这就是所谓的快数据，利用传统的Map-Reduce和Hadoop框架等大数据解决方案都无法对"快数据"进行及时有效的分析，而沃尔玛解决这一问题的方式是自行开发了一个解决方案——Muppet，能够通过大规模服务器集群以极高的速度处理"快数据"流。沃尔玛通过对"快数据"进行分析，不但能够追踪社交媒体中对地点、用户和产品的提及信息，还能分析产品、用户、品牌之间的关联。这样就不但能够优化沃尔玛选货和备货的准确性，还能进行有针对性的线上和线下店面的产品推荐。

【案例解读】

　　从沃尔玛在大数据分析上做出的努力可以看出，店主在经营店铺的过程中，需要充分进行大数据分析，依靠大数据分析来制定店铺营销推广方式，因为大数据在一定层面上来说就是店铺的资产，能够为店铺带来丰厚的利润。

 # 通过数据分析来细分定位目标客户群

　　不管在什么时代，寻找自己的目标客户群都是企业避免不了的事情。多数时候，企业无法将自己的产品功能丰富至可以服务于对同类产品有需求的所有客户的境界，这就决定了企业要找到自己企业所服务的目标客户群体。而所谓的目标客户群体就是指企业针对自身的能力向特定的客户提供有特定内涵的产品价值，这些特定的客户就是目标客户群体。对于企业来说，目标客户群体非常重要，对于店铺来说，目标客户群体同样重要。

　　店铺要重视寻找目标客户群体，这也是互联网时代的特性决定的。互联网时代带来的是市场化程度的不断加深及买方需求的多样化，构成产业链的元素进一步分裂，市场细分也是互联网时代经济成熟的标志，为满足消费者日益细化的需求而衍生出许多细分行业使单元产业的价值链条得到不断增长，过去那种通吃产业链的产品已经成为过去时，而针对目标客户群体的细分需求制定产品定位才能增强店铺自身的竞争力。除了市场需要对目标客户群体进行细分之外，顾客的差异性也是进行目标客户群体细分的重要决定因素，因为并不是每一个顾客都适合店铺提供的产品与服务，也并不是每一个顾客都适于成为自己店铺的品牌忠诚者。而店铺要最大限

度地实现可持续发展和长期利润，就要明智地只关注正确的顾客群体。所以，店铺经营的重要的一步就是对客户进行细分，找寻到哪些顾客是能为企业带来盈利的，哪些顾客不能，并锁定那些高价值顾客。

互联网时代，大数据为分门别类研究客户、进行有效客户评估、合理分配服务资源、成功实施客户策略提供了依据，使店铺细分定位目标客户群体更加便利。所以对于店铺来说，首先要做好的最为重要的一步是根据顾客群体的文化观念、消费收入、消费习俗、生活方式等方面的数据信息来精确寻找店铺的目标客户人群。有效的受众细分方法能让店铺灵活地组合数据来源，并且利用共通的属性去建立用户群组。这种有效的细分受众不仅实现精准营销及优化，同时也能够大大提升店铺品牌的体验及情感。

店铺数据分析对店铺细分定位目标客户群的意义重大，而具体细分定位的方法是根据顾客的行为来进行：顾客产生购买行为后，就从潜在客户变成了价值客户，而数据解析客户的意义也就在于从购买时间、商品、数量、支付金额等行为数据评价客户的价值，这是有一定成交量的卖家的进阶式数据分析方法。如果是在传统模式下，这种大数据分析的模式一般是通过向数据公司购买数据，或者委托调研公司经过周密漫长的用户调研得出一份报告。但是在互联网时代，对于经济实力还比较小的店铺来说可以用更小成本获取海量交易数据，进而分析消费者特征，定位目标消费人群。

店铺进行数据分析的第一步是寻找分析来店铺消费的顾客。这些顾客具体包括4种：第一，经常性或者大量购买该产品的消费者；第二，刚刚开始接触和购买同类产品的消费者；第三，对产品有最高期望值的消费者；第四，产品的早期使用者。对这四种顾客的心理行为进行分析，能够精准确定店铺的目标客户人群。确定了自己店铺要进行数据分析的顾客后，店铺还要做的是对这些人进行大数据分析，具体的分析步骤包括以

下4步。

首先，确定应该收集的数据。对于店铺来说应该收集的数据通常包括消费者性别、年龄、地域分布、消费习惯、喜好，以及与消费者自身相关的联系方式、体貌特征等。

其次，把消费者的这些数据整合在一起，建立系统的大数据分析系统。

再次，开发统计算法或模型，并把收集起来的数据进行分析，将分析结果作为对客户细分的基础。

最后，建立高级数据库、细分模型，根据分析之后得到的数据信息，最终确定店铺要服务的目标客户人群。

这就是店铺通过大数据分析定位目标客户人群的方法，这种大数据分析综合起来说就是通过分析顾客可支配收入水平、年龄分布、地域分布、购买类似产品的支出统计，对所有的消费者进行细分，进而确定店铺需要服务的目标客户人群。通过数据对店铺进行目标人群的分析，可以让店铺从产品到用户到营销整个流程变得更加的精准、全面。数据分析虽然重要，但并不是所有的店铺都能够很好地进行数据分析，很多小的店铺甚至不具备数据分析的能力，那么，为了寻找到具体的目标客户人群，店铺可以依靠第三方免费数据产品比如淘宝指数等来进行目标客户群体的定位，这无疑是一种比较方便快捷的方式，能够节省店铺人力与财力。

 ## 顾客行为分析是店铺开展营销的基础

互联网时代，顾客行为分析对店铺营销来说具有举足轻重的作用，甚

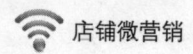

至可以说顾客行为分析是店铺展开营销的基础。顾客行为分析指的是在获得网站访问量基本数据的情况下，对有关数据进行统计、分析，从中发现顾客访问网站的规律，并将这些规律与网络营销策略等相结合，从而发现网络营销活动中可能存在的问题，并为进一步修正或重新制定网络营销策略提供依据。每个店铺都会建立自己的网站，或者说以网店的方式出现。这个平台就为店铺进行顾客行为分析提供了依据，而这个数据分析就是店铺展开营销的基础。

对顾客行为进行分析对于店铺来说是很重要的，因为不管是做任何事情，要想做好它就必须先了解它，唯有了解之后才能真正做好它。对于店铺来说，同样需要了解自己的顾客，唯有了解了顾客的行为，才能让营销有的放矢。同时，随着互联网的不断发展，消费者就是从占有和使用商品的过程中获得价值的最终顾客随着生活水平的提高、生活节奏的加快，消费者的购物行为发生了极大的变化，而店铺要想做好营销，就要把握好随着时代不断变化的消费者的购物行为。

顾客行为对于店铺营销很重要，那么，店铺应该如何去进行顾客行为分析呢？

首先，要分析顾客行为，就应该先确定顾客群体特征。顾客群体有年龄、性别之分，要分析顾客行为，就要分别进行分析。

其一，不同年龄段的顾客群体特征。在年龄上说，具有独立的消费能力的顾客一般是18岁以上的顾客，对这些不同年龄段的顾客群体进行分析，对店铺营销是有推动作用的。18～25岁的顾客户的消费行为是不成熟的，18～22岁的顾客一般没有独立的经济来源。而22～25岁的顾客由于刚参加工作，收入不稳定或较低，致使这部分顾客消费水平受到一定的制约。然而由于这部分人年轻，往往是最积极、最冲动的消费者。25～30岁的顾客有较高的消费水平，并且这个年龄段的顾客仍有追逐新鲜事物的热情，时时有消费冲动。30~45岁的顾客经济稳定，消费观念成熟，容易形成固定的消费观念，并且能够很快成为某种品牌忠实的消费者。45岁以上的顾客消费观念更为理性，这部分顾客通常比较关心的是消费能给自己带来哪些好处。

其二，不同性别群体的消费特征。女性消费群体具有爱美心理，爱美心理是女性消费者普遍存在的一种心理状态。她们在挑选商品时，格外注重商品的外观和形象。同时女性消费者感情丰富、细腻、心境变化剧烈，富于幻想和联想。往往会在某种情绪或是情感的驱动下产生购买欲望，如商品品牌的寓意、款式色彩产生的联想等。除此之外，女性消费者还有攀比炫耀心理。相对于男性消费者，女性消费者更希望通过追求名牌等来体现自己的与众不同，而具有这方面特点的商品能够受到女性消费者的喜欢。男性消费者消费时表现得更为理性，他们在消费时有较强的理智性，善于控制自己的情绪，消费时能够冷静地权衡各种利弊因素，能够从大局着想，一般不会因为冲动而去购买某种产品。

其次，要充分分析顾客对产品的使用率。使用率很大程度上决定着顾客的行为，顾客的使用率在网店上体现在点击率、点击量、访问量、访问率、访问模块、页面留存时间等方面，对这些数据进行分析，能够清晰了解顾客的行为，从而为店铺营销提供相应的依据。对于线下店面来说，顾客对产品的使用率体现在顾客到店内的次数、产品购买量、产品购买频率等，店铺要通过分析这些数据来得知哪些产品是深受顾客喜欢的，并能让店铺依照不同的数据实施具体的营销策略。

最后，要分析顾客使用、购买产品的时间。也就是说顾客通常在哪个时间点来购买、使用产品。了解了顾客购买、使用产品的时间，就能在相应的时间点内展开营销，可以让店铺营销更加有针对性。

以上几个方面就是顾客行为分析的具体做法，整个顾客行为分析的过

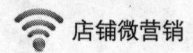

程就是对顾客购买、使用产品过程中的所有数据进行收集、整理、统计、分析，以了解、掌握用户购买、使用产品的规律，从而为店铺营销活动提供有力的数据支撑。

对于互联网时代的店铺来说，电子商务的发展迎合了现代消费者的需求，因而得到了快速、蓬勃的发展。然而电子商务市场与传统实体市场有着很大的不同，诸如文化和环境上的差异，导致了消费者的购买行为与传统的消费者购买行为存在着较大的不同。这就是店铺开展顾客行为分析的重要决定因素，店铺唯有做好顾客行为分析，才能做好针对性的营销，才能最大限度地赚取利润。

 店铺建立人脉资源数据库策略

人脉决定着店铺的利润，一个有丰富人脉的店铺赚钱是非常简单的。如果店铺人脉资源十分丰富的话，进行人脉资源数据库管理是比较明智的选择。互联网的发展，让人脉资源数据库的管理变得简单易行，具体的做法是先在网上下载一个名片管理软件，然后输入相关数据，比如姓名、公司部门与职称、地址、电话、传真、电子信箱等，甚至还可以输入QQ、生日、昵称等更个人化的资料。这种利用数据库来管理人脉的办法能让店铺的人脉资源合理有序，这样就能让店铺做营销的时候更加有针对性。

虽然建立数据库对店铺的发展非常重要，但要想成功建立人脉资源数据库并不是一件简单的事情，而要想真正做到这一点就要遵从一定的步骤，遵循一定的原则。

建立人脉资源数据库的步骤通常有3步：第一步是要寻找到自己的目

标客户群体，也就是说要找到店铺的人脉，这是建立店铺数据库的基础。也就是说店铺要通过大数据分析知晓哪些客户才是自己店铺需要的客户，并把这些顾客纳入到自己的人脉资源中来。第二步是要用"诱惑"来维护老顾客，并挖掘新顾客资源。店铺要想不断丰富自己的人脉资源，就要为顾客提供有足够诱惑的诱饵。比如有趣实惠的活动、促销活动，这些活动会让顾客积极踊跃地参加，最终成为店铺的忠实顾客。第三步是对人脉资源进行数据库管理。对于店铺来说，获得人脉资源不是最终目的，最终目的是营销，而要想达到很好的营销效果，就要善于对店铺的人脉资源进行管理，此时人脉资源数据库策略就起到了很好的作用。

店铺人脉资源数据库策略要想成功实施，要把握3个原则。

1. 互惠原则。店铺经营最明智的方式是互惠，做到互惠才能最大限度维护顾客的忠诚度，并且挖掘潜在顾客。所谓的互惠指的是利人利己，是一种双赢的人际关系模式，也是店铺维护顾客关系的一种重要方式。店铺要想建立人脉数据库，就要有充足的人脉可以整理，而互惠就是获得充足人脉资源的最好方式。

2. 诚实守信原则。在人际交往中，一般人都喜欢与诚实、爽直、表里如一的人打交道。对店铺来说同样如此，店铺唯有诚实守信，才能得到顾客的推崇，也才能创建丰富的人脉资源。

3. 用心原则。店铺要想获得充足的人脉资源，就要用心经营自己的店铺，所谓的用心体现在用心做产品上，也体现在用心做服务上。这样做才能让顾客感受到店铺的诚心，并为店铺获得丰富的人脉资源。

遵从一定的步骤，遵循一定的原则能够让店铺建立人脉资源数据库，然而建立人脉资源数据库并这是店铺的最终目的，最终目的是让这些人为店铺创造利润。在建立人脉资源数据库后，还要与数据库中的人脉进行联络。而具体的联络方式有以下3种。

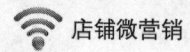

1. 人性化的联络。联络分为业务联络和人性化联络，前者是为了利益而进行联络的，有着很强的目的性。人性化联络就是没有利益目的的联络，比如问候式联络，比如为顾客提供营养、运动、美食、衣着、旅行、教育等方面的知识。

2. 真诚的联络。店铺在与人脉资源数据库中的顾客进行联系的时候，要把握真诚原则，比如真诚帮助、关心、支持、鼓励人脉对象，这种真诚的联络方式能够提升顾客的忠诚度。

3. 把客户当作朋友。店铺要像对待朋友一样对待自己的客户，比如在店铺庆典时，邀请忠诚顾客出席；比如，在举办活动时，诚心邀请顾客参加。同时店铺还要利用自己的数据资源分析顾客的需要，为他们提供其需要的服务和产品。

第三篇

互联网时代开店实战

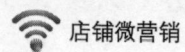

第十章　雕爷牛腩：互联网玩法做餐厅

 封测 "封" 出大流量

提起当下比较有名的餐饮店，雕爷牛腩无疑是其中翘楚。立志于打造中国第一家 "轻奢餐" 的雕爷牛腩不但受到业内的推崇，还为广大食客们所津津乐道。雕爷牛腩的成功缘于雕爷孟醒在经营餐馆的过程中融入了互联网思维，甚至可以这样说，雕爷牛腩取得如今的成就很大一部分就是互联网思维在起作用。

不得不承认，孟醒的确是以互联网思维经营餐馆的高手，而其中最典型的表现就是他花费1 000万元所做的 "封测"。封测是游戏公司经常做的事，通常游戏正式上线之前都会搞个封测，具体方式就是邀请玩家玩游戏以找出游戏中的BUG，从而进行修正，使游戏在面市后更能适应玩家玩游戏的习惯。善于利用互联网思维进行经营的孟醒把封测这种做法搬到了他的餐厅打造上，在开业之前花费1 000万元对雕爷牛腩进行了为时大半年的封测。

在为期大半年的封测期里，雕爷牛腩邀请京城各界数百位美食达人、影视明星前来试菜，得到封测邀请码的试菜者可以免费试吃，在封测阶段，雕爷牛腩始终坚持只有得到封测邀请码才能试吃的规则，没有拿到邀请码的人是很难走进雕爷牛腩餐厅的。由于参与的人很多，雕爷牛腩的封测码甚至出现了一码难求的现象。

与其说是封测，不如说是一次绝妙的营销。在封测期内，微博为雕爷牛腩品牌的推广发挥了重要的作用，由于被邀请的都是各路明星、达人、微博大号，这些人在吃过雕爷牛腩后会纷纷发微博来表达自己的感受，由于这些人都有数目众多的粉丝，能够大大推广雕爷牛腩品牌，让更多的人知道雕爷牛腩的存在，由于明星、达人、微博大号可以与粉丝展开互动，所以能够形成一种强大的造势效应。

除了明星、达人、微博大号通过微博自主传播雕爷牛腩品牌外，孟醒自己也充分利用微博展开品牌的推广。比如他发布了争议性的微博"不接待12岁以下的儿童"。这条微博一经发布就引来热议，甚至招来了很多人的谩骂，然而，孟醒并没有放在心上，在他看来，这是培养粉丝的一种方式，正如他自己所说："互联网最有意思的是粉丝文化，往往某个产品做得不错时就会形成'死忠'，一个产品越有人骂，'死忠'就越坚强。"通过这次微博互动，雕爷牛腩的关注度又得到了大幅度的提升。

充分利用微博来推广品牌，只是封测的一项内容。封测的另外一个目的是寻找产品与服务中存在的BUG，也就是说要找出其中存在的问题。对于餐馆来说，能够吸引顾客的无非是两个方面，一方面是菜品，另一方面是服务。菜品与服务中存在的缺陷只有在经营过程中才能发现，封测就能达到这样的目的，雕爷牛腩通过封测不断改善菜品与服务各方面存在的不足，从而让餐厅一面市就能深受顾客的喜欢。

孟醒给雕爷牛腩做封测的重要原因之一是营销推广，正如孟醒在知乎

上所说："顺道的第二目的，才是借机宣传，反正封测，一堆名人达人、美食专家以及小明星们，为何不请来吃呢？伸手不打白吃的饭，放下筷子难骂娘。封测被邀请，多有面子？！请呗！大请特请，他们就是小白鼠，消化掉我们尚不完美的菜品和服务，还经常发微博夸夸我们，多好！全北京城撞星率最高餐厅，最近半年，想都不用想，肯定雕爷牛腩！"这种营销推广的效果是显而易见的。经过封测，雕爷牛腩在大家的眼中，不仅仅是一个餐馆，更是大家热议的话题。经过封测，雕爷牛腩被更多的顾客感知，其自2013年5月20日开业以来，几乎每天都会出现顾客盈门，甚至是排队等餐的现象。

雕爷牛腩封测的成功告诉餐馆经营者，在餐馆开业之前，不妨做些免费试吃的活动，以扩大餐馆的影响力。但是，试吃需要把握一定的原则，比如试吃对象要有选择，要选择那些有影响力的人，比如明星、重要人士、行业精英等，这些人能够影响身边的一批人，更容易扩大餐馆的影响力。同时，通过封测试吃，还可以找出自身在菜品以及服务上的不足，从而对菜品和服务进行改进完善。

 ## 宁当榴莲，不做香蕉

雕爷孟醒始终以互联网思维来做自己的餐馆，而其中最重要的一种思维就是：宁当榴莲，不做香蕉。这句话是说，做品牌就要做有特色的品牌。正如孟醒所说："宁当榴莲，不做香蕉。什么意思呢？榴莲就是爱的人爱死，恨的人恨死；香蕉呢，既不讨人喜欢也不讨人厌，但没有任何特点可言。所以做品牌，就一定要做榴莲型的品牌。"

孟醒始终按照这种思维模式来经营自己的餐馆，为了突出自己餐馆的品牌特色，雕爷牛腩不会设法去满足所有人的口味，而是去讨少数人的喜欢，让爱的人爱死，恨的人恨死。之所以坚持这样的思维，是因为孟醒知道不管做什么，都很难满足所有顾客的口味，正所谓众口难调，餐馆只要满足一部分顾客，并且牢牢抓住这部分顾客，就能赚大钱。正因为如此，虽然现今雕爷牛腩名声在外，但仍有部分客户对雕爷牛腩的菜品口味并不认同，也有部分客户认为雕爷牛腩仅仅是徒有其表，而无其实。即使如此，也没有动摇孟醒做榴莲型品牌的决心。雕爷牛腩要讨好那些喜欢其菜品外观及口味的客户，而对于那些不喜欢雕爷牛腩的人，雕爷牛腩会直接放弃。对于喜欢自己的客户，雕爷牛腩会花大力气"讨好"，比如给这部分客户提供各方面的优惠，如果是VIP客户到店用餐的话还能享受VIP专属菜单等服务，这样做的目的是把这些顾客发展成自己餐馆的死忠粉。

　　雕爷牛腩在经营中还有一大特色，那就是可以自己选择客户，比如其规定"不接待12岁以下儿童"，虽然这一规定让雕爷牛腩受到非议，但是孟醒仍旧把这一规定坚持到底。对这一规定有意见的大多是"妈妈顾客"，很多"妈妈顾客"本来想去雕爷牛腩用餐，但是这条规定让很多"妈妈顾客"心生埋怨，甚至因为这一规定而避开雕爷牛腩餐厅。面对众人的质疑，雕爷牛腩官方给出了回应："我们通过大半年的封测发现，儿童在雕爷牛腩用餐并不是很开心，因为雕爷牛腩主要是为特定人群定制的餐食，我们的餐食没有特别针对儿童而设计的，这就让孩子对于菜品并不喜欢，他们还会在餐厅大声吵闹喧哗，这就会影响到其他顾客的进餐，迫于无奈我们做出这项规定，我们没有办法让所有人都得到最完美的进餐体验，所以唯有舍弃一部分顾客，来让每一位真正喜欢雕爷牛腩的消费者能够得到最优质、最舒适的用餐体验。"

　　这就是雕爷牛腩，始终坚持"不会让所有人喜欢，只讨好部分人"

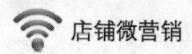

的做法，在如此的理念下，雕爷牛腩打造了一个独具特色的"榴莲型"品牌，也正是因为如此，雕爷牛腩在餐饮业中以其独特的个性深受用户的喜欢。从雕爷牛腩的做法中我们可以看出，做餐馆没有必要满足所有人的口味，只要满足一部分人的口味和喜好就可以了。同时在打造餐馆品牌的时候要注重特色，在餐馆林立的市场环境下，唯有做到有特色，才能在竞争中脱颖而出。

特色首先体现在菜品上，也就是说菜品要有特色，餐馆要做到菜品有特色，可以从以下两个方面入手：其一，突出餐饮店的地方特色。餐饮市场竞争已经进入了相对成熟的阶段，顾客的需求也越来越细化，随之而来的也将是餐饮店经营分类的细化。而要迎合这方面的需求就要经营某一地方独特风味的菜品，具体可以从中餐八大菜系、民族风味菜品、西餐、日本料理、韩国烧烤等中选择。其二，经营时尚菜品。比如保健类食品，具体可以选择带有保健性质、药膳性质的营养食品；再比如绿色、无公害食品，如今，消费者对绿色、无公害食品充满兴趣，如果餐馆能把绿色、无公害食品作为招牌，定然能够起到良好的效果。

特色还体现在服务上。消费者喜欢一家餐厅，除了喜欢餐馆的菜肴和菜式品种外，还喜欢餐馆的服务。而服务有没有特色直接决定着顾客会不会第二次光临，所以餐馆要尽力打造有特色的服务，以增强顾客黏度，比如，只要顾客打电话，就能为顾客制定出他们所需要的一系列服务，并且根据客人的喜好、用餐特点和用餐要求等为他们定制好独一无二的产品，搭配好各种菜品。再比如，在餐桌上对服务员上菜、上酒、上水、收桌、收杯统一进行规范要求，并针对不同的人给予不同的服务方式，力求通过细致有特色的服务为顾客留下良好的印象。

 只做12道经典核心菜品

很多人在经营餐馆的过程中都会在菜品上下功夫，都会追求菜品的丰富性，因为这些餐馆经营者认为，唯有菜品丰富才能最大限度满足不同客户的需求。然而，孟醒反其道而行之，他没有在菜品的丰富上下功夫，而是坚持少就是多的互联网思维，仅仅靠12道菜品"打天下"，并且取得了非常好的经营业绩。

雕爷牛腩始终坚持只做12道核心菜品，这种产品打造模式是在雕爷牛腩开业时就有的。在雕爷牛腩的12道核心菜品中，只有两道是主菜，剩下的都是配送的。在这方面，不得不说雕爷牛腩完成了一个大突破，即使是国际快餐品牌麦当劳也没有如此少的菜品数。在大多数人眼中，孟醒的做法是疯狂的，是在"找死"，但孟醒还是义无反顾地走了下去，并且取得了良好的经营效果。

雕爷牛腩之所以坚持只做12道菜品，就是因为孟醒始终以"少就是多"的互联网思维来打造自己的餐馆，同时认识到只做12道菜对于雕爷牛腩的好处，正如孟醒自己所说："与其做200道平庸的菜，不如做12道经典的好菜。"虽然孟醒坚持做12道菜品，但这12道菜品都不是简单打造，而是坚持把每一道菜品做到精致绝伦，不但在色泽上诱人，而且都配合各种装饰品。这就让雕爷牛腩的菜品看起来不仅仅是菜品，而且更像是一件艺术品。其菜品的精致程度让雕爷牛腩在Mall级别的餐厅里几乎没有对手，而能与雕爷牛腩拼菜品精致度的都在五星级酒店里。

关于为什么仅仅做12道菜品？雕爷孟醒给出了自己的解释：如果菜品超过百道，后厨会有很大压力，都不可能做到快速出菜，这就会影响菜品

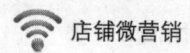

的口感。除了影响口感外，还会出现胡乱上菜的现象，事实上胡乱上菜的问题在99%以上的中餐厅都存在，这就会给消费者带来不好的用餐体验。要想解决这一问题，就要为消费者提供尽可能少的选择，正如雕爷牛腩那样只为消费者提供12道菜品，且每一道都是精品，这样就能减轻后厨的压力，并且提升上菜的速度，为顾客带来良好的用餐体验。至简的菜品让雕爷牛腩的经营效率得以提升，最终让雕爷牛腩在餐饮界一枝独秀。

雕爷牛腩的这一做法给饭馆经营者以启示，在经营餐馆的时候不要盲目追求菜品的丰富性，最明智的做法是把有限的菜品打造得精致绝伦，以此来提升餐馆的档次，最终为顾客带来优良的用餐体验。对于餐馆而言，设计固然重要，灵魂还是菜品。餐厅应该主打少而精的精品菜，要讲究色、香、味、形、器的完美结合，让菜品看起来更像是一件艺术品。

打造少而精的精品菜对于餐馆发展有很大的推动作用。最明显的就是减轻后厨的压力，让整个上菜过程简捷有序，不至于混乱。菜品少，做菜的速度就快，上菜的程序就更加规范，从而能为顾客打造良好的用餐体验，进而增加顾客黏性。打造少而精的精品菜能够增加餐馆的投入产出比。菜品精致就显得上档次，如此价格就能提上去，即便是同样的食材在价格上也能出现很大的差别，这就是外观给菜品带来的利润。所以，作为餐馆经营者，没有必要非在菜品的丰富上下功夫，而要在菜品的味道与外观上下功夫。依靠极致的外观与味道，即使是菜品很少也能赢得顾客的喜欢。

 五大措施提升翻台率

在经营餐馆的时候最应该关注的是翻台率，甚至可以说翻台率是餐馆

的命脉。所谓的翻台率是表示餐桌重复使用率，餐馆的餐桌重复使用率越高，获得的利润就越高。雕爷牛腩在翻台率上做得比较出色，为了提高翻台率，雕爷牛腩实施了以下措施。

1. 雕爷牛腩不开超过300平方米的店。为了提高翻台率，提升餐厅的运营效率，雕爷牛腩始终坚持不开超过300平方米店的原则，这样规模的店对促进翻台率的提升是有很大的推动作用的。雕爷以晚餐为例来进行说明，大多数餐馆晚餐用餐的时间多是6~7点。但在Shopping Mall里，即使是到了八九点还有顾客上门。在过了饭点的情况下就会有很少的顾客，如果店面面积超过了300平方米，那么就很难完成一次翻台，然而规模小的店由于桌子少可以完成一次翻台，这就能保证每一个时间段都是满席。雕爷牛腩不开超过300平的店的原因就是如此，可以提高翻台率，并且从单位坪效上来算更为经济。

2. 采用法餐分餐制，提升用餐效率。在上菜的方式上，雕爷孟醒对传统中餐"合餐制"极其厌恶，因为这种上菜方式带来的是没有次序、胡乱上菜。为了解决这一问题，雕爷牛腩采取法餐的"分餐制"上菜方法，具体的方式就是"吃完一道，再上一道"。这样做能够提升顾客的用餐效率，当下一道菜上来时，上一道就已经撤掉了，吃完甜品，顾客也该走了。这种节省时间的做法对提高用餐效率有很大的提升作用，能够最大限度提升翻台率。

3. 拒绝12岁以下的儿童进入餐厅。在雕爷牛腩还有一项硬性规定，那就是不允许12岁以下的儿童走进雕爷牛腩。这样做能够提升翻台率，因为在餐厅内如果有儿童在的话，吃饭的时间肯定会拉长，这是不利于翻台率的提升的，而不允许12岁以下的儿童进入无疑能够解决这一问题，这也是雕爷牛腩的这项规定虽然饱受争议却仍旧坚持的重要原因之一。

4. 拒绝酒腻子。对于餐馆来说，酒水能够为餐馆带来一定的利润，

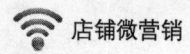

然而，虽然能为餐馆带来一定的利润，却会在很大程度上限制翻台率。在餐馆内最怕的就是酒腻子，他们会因为喝酒而长久占用一张桌子，甚至会整整浪费一顿饭的时间，这就严重影响了翻台率。为了避免这一问题的出现，雕爷牛腩在卖酒上保持高度的克制性，雕爷牛腩也卖酒，但都是非常昂贵的啤酒、红酒，比如比利时顶级修道院啤酒，红酒也是非常高档的。价格上的昂贵会让很多顾客在购买的时候会有所克制。同时为了更好地杜绝酒腻子的出现，雕爷牛腩规定酒整瓶不卖，只单杯卖。这就避免了酒鬼长时间霸占餐桌的现象，这就能提升翻台率。

5. 在店内使用漂亮但不舒服的凳子。不舒服的凳子能够减少顾客正在店内逗留的时间，这也是提升翻台率的一种重要方式。为了提升翻台率，雕爷牛腩大部分使用看起来漂亮但坐着不舒服的凳子条木凳子，由于凳子的材质和外形都欠佳，所以坐起来并不是特别舒服，这就能提升翻台率。

这就是雕爷牛腩在提升翻台率上做出的努力，正是运用了以上5种提升翻台率的措施，雕爷牛腩才能够很快实现翻台，从而最大限度地赚取利润。从中我们可以得知，要想开一家赚钱的餐馆，就要在提升翻台率上下功夫。对于餐馆来说，要想提高翻台率，除了借鉴雕爷牛腩的5种方式外，还可以从以下方面展开。

1. 节省每一个环节的时间。缩短时间就意味着翻台率的提升，所以从顾客进入餐厅到离开餐厅的每一个环节都要做到缩短时间，而要想做到如此，就要使每个部门的员工尽最大努力，把自己的工作做好，从而缩短时间。

2. 要提前为下一环节做准备。餐厅所有服务人员在服务中都应该为下一环节提前做准备。比如在客人的菜品上齐后，要及时询问顾客是否需要添加主食或小吃，如果不需要的话服务员就可以核单，然后到吧台打单。再比如，在客人不再用餐时将下一桌的餐具提前准备好，等等。

3. 餐馆要全员提高效率。餐馆全员参与才能全方位缩短时间，服务员负责缩短客人用餐时间，要做好餐桌上的一切工作；传菜员和保洁要做到收台迅速，卫生清理迅速，这样才能缩短收台时间；后厨人员则要保证快速出品、准确出品；管理人员负责巡台和协调，随时注意各桌客人的用餐进程，对各部门没有做到的要提醒。

4. 要充分利用信息化系统。信息化系统可以提升餐饮企业营业额返台率，如到客等候系统可以最大限度留住排队客人，通过获取排队号及密码即可提前在制定区域浏览菜品介绍、菜品选取等功能，在有空闲座位的时候，可以根据服务员手中的移动设备直接抽取客人预点餐信息，并将该信息直接发送到指定位置，同时进行数据记录。如此就可以有效地缩短点餐时间，提升点餐效率。

 ## 打通线上线下疯狂卖牛腩

互联网的发展，带来的是O2O模式的出现并越来越受到企业的重视，餐饮业也在寻找与O2O模式的无缝对接，从而提升餐馆的利润。在餐饮O2O模式中，雕爷牛腩进行了大胆的尝试，并且取得了非常好的效果。一直崇尚互联网思维的雕爷打通了线上线下，利用O2O模式疯狂卖牛腩。

雕爷牛腩成功利用了线上资源，具体表现是充分利用了微博、微信的营销功能。利用微博进行营销主要体现在封测阶段，不管是邀请各路明星、达人、微博大号们前来试吃，然后由他们通过发微博的方式来表达自己的感受，抑或是发表争议性的微博"不接待12岁以下的儿童"，都取得了很好的营销效果。这种微博预热的营销方式为雕爷牛腩的经营奠定了用

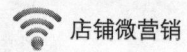

户基础，并且造就了一开业就消费者爆满的现象。除了充分利用微博的功能外，雕爷牛腩还充分利用了微信。如果说雕爷牛腩是在用微博引爆用户消费欲望的话，那么利用微信则是起到留住老客户的作用。为了能够维护好老客户的关系，一旦雕爷牛腩上新菜，雕爷牛腩官方就会用微信以精美图片或者精彩文字的方式发给老用户，以此来增强老用户的信任感，从而增强老客户的黏性。除此之外，为了更进一步增强老客户黏性，雕爷牛腩还充分利用了建立在微信基础上的VIP卡，用户要想获得VIP会员身份，就需要关注雕爷牛腩的公众账号，并且回答问题，通过后就能获得VIP会员身份，从而享受雕爷牛腩提供的各项优惠待遇。这种VIP卡的存在无疑能提升自身的吸引力，维护老顾客忠诚度。

O2O模式，需要有成功的线上，同样需要成功的线下。雕爷牛腩在做好线上的同时，也极力做好了线下。线下做得好主要体现在菜品与服务上，在菜品上，雕爷牛腩先是以500万元从香港食神戴龙那里买来咖喱牛腩饭、金汤牛腩面的烹饪秘方，并且把它们作为雕爷牛腩的主打品牌。在用餐体验上，雕爷牛腩也力求做到最好，其在茶水方面表现得非常贴心，不但为男士提供西湖龙井、冻顶乌龙、茉莉香片、云南普洱四种味道的茶水，还为女性顾客提供既能美目又能纤体排毒的洛神玫瑰、薰衣草红茶、洋甘菊金莲花三种花茶。在米饭的选择上，雕爷牛腩选择的是号称"世界米王"的越光稻、纯靠水田中的螃蟹形成生态循环的蟹田糙米、拥有特殊的茉莉香气的泰国香米。筷子则是甄选缅甸鸡翅木，筷子上还有激光蚀刻雕爷牛腩LOGO，用餐完毕后这些筷子还会被套上特制筷套当作礼物送给顾客。雕爷牛腩的碗是申请了专利的，这种碗上方很厚重，很粗糙，端起来手感好，而对着嘴喝汤的三分之一，则很薄、很光滑。同时在碗上还开了一个拇指斜槽，目的是卡住汤勺，这样就可以在端起来喝汤时勺子不至于乱动。这都可以让顾客感受到雕爷牛腩在做餐馆上的精心。

在线下店面，雕爷牛腩着力打造让顾客满意的服务。雕爷牛腩的服务始终都能给人一种被尊重的感觉，雕爷牛腩的服务员全部黑纱蒙脸，目的是保证菜品的足够清洁，就是这样一个小细节足可以让顾客感受到被充分尊重。如果顾客在用餐过程中有什么不满意的，可以提出来，并且可以获得免单等优惠。除此之外，雕爷牛腩还特设了"CTO"（首席体验官）的职位，CTO的工作就是为顾客的口味负责到底。也就是说顾客从走进雕爷牛腩的那一刻，只要说出自己的口味偏好，CTO就会对顾客的这种口味提供全方位的服务，而且CTO还有为顾客的小菜、茶水免单的权力。如此贴心的服务无疑能够增加雕爷牛腩的吸引力，让更多的顾客走进雕爷牛腩，去品尝那舌尖上的感动。

　　这就是雕爷牛腩成功的重要原因，不但做好了线上，并且做好了线下，依靠打通线上线下来经营餐饮店，并且获得了巨大的成功。这就告诉餐馆经营者，在互联网时代经营餐馆，要努力做好打通线上线下，充分依靠微博、微信等自媒体的作用做好营销，同时打造具有竞争力的线下门店，做好自己的产品与服务，并且允许顾客通过网上点单的方式去店内消费，还可以用团购的方式来吸引顾客。这种打通线上线下做餐馆的方式，能够吸引更多的顾客到店消费，如此一来，赚钱就是非常简单的事情。

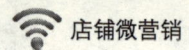

第十一章　Roseonly花店：花店需要这么干

 一生只送一人：融入专属性情感因素

Roseonly（诺誓）花店是中国高端鲜花专卖店。Roseonly花店自2013年1月4日成立以来，得到全球顶级投资方的不断认可，Roseonly花店店主打"一生只送一人"的爱情唯一理念。经过短短一年的发展时间，Roseonly花店就不断在情人节、七夕和圣诞节等重大节日刷新销售纪录，在2014年2月14日，创造了"情人节当日线上销售额过千万，三里屯实体店日销售额过百万"的奇迹。

Roseonly花店之所以能够取得这么好的销售业绩，很大一部分是因为这家花店销售的不仅仅是花朵，而是一种情感，一种"一生只送一人"的专属性情感。正是有了这种专属情感，Roseonly花店定位高端，花朵的价格比寻常花朵的价格要高出许多，与普通花店销售5～20元一支的玫瑰不同，它能卖到999元一朵，最便宜的永生花也要399元一朵。虽然价格不菲，但是Roseonly花店的花仍然能够得到消费者的青睐。

这就是Roseonly花店成功的一大关键因素，2014年Roseonly花店把这种专属情感作为独立的品牌战略来打造，那就是推出"专爱 by Roseonly"，这一品牌下的花朵以"爱时尚，爱鲜花，爱专爱"为核心理念，力求打造"中国时尚鲜花第一品牌"。"专爱 by Roseonly"选择的花材依然优质，如欧洲牡丹、荷兰郁金香、法国普罗旺斯的薰衣草、英国的大卫奥斯汀花园玫瑰。这一品牌在价格上更加亲民，面向更为宽泛的年轻时尚群体，成为送父母、老师、闺密的鲜花首选品牌。

在这一品牌下，Roseonly（诺誓）是主品牌，这一品牌下崇尚"信者得爱、爱是唯一"的理念，严格要求用户"一生只能送一人"，为了保证"一生只送一人"可以实现，Roseonly花店要求购买者在网站注册之后不能更改收花人名字。并且在Roseonly买花，将生成一个由送花人和受花人共有的唯一码，并为二人产生一个独立的页面。如果换了女友，则不再能通过Roseonly送花给新女朋友。在这样的理念下，如果在特殊的日子里，拿着一盒Roseonly玫瑰花，绝对能感动另一半。因为这不是普通花，寓意一生唯一真爱。

Roseonly花店的这种做法一夜之间在微博以及微信里疯转，在微博、微信里留意到Roseonly，见过收到Roseonly的人都感动得一塌糊涂。Roseonly的成功不仅因为它是世界顶级玫瑰，而最重要的是，当你从一个人手上收到了这花，那证明他认定了你是他的唯一。因为Roseonly只能填上唯一一个收花人，永远无法更改，一生只送一人。这种专属情感的融入，将"Roseonly送的不光是花，而是承诺"的情感需求充分加以满足。让很多年轻人产生了共鸣，并且取得了情人节当天销售额破千万的业绩。也正是依靠这种理念，Roseonly花店很快就拿到了来自乐百氏创始人何伯权、创业家杂志社社长牛文文、时尚传媒集团总裁刘江、淡马锡和清华同

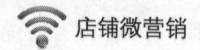

方高管的天使投资。

Roseonly花店的做法为互联网时代开花店提供了借鉴，Roseonly花店的最大成功是在卖的花朵中融入了"一生只送一人"的专属情感因素，这就告诉花店经营者要在花朵中融入专属情感，融入稀缺性因素。

当下大大小小的花店不断涌现，特别是互联网的发展，网店卖花的成本越来越小，更使得花店如雨后春笋般出现。在这样的大环境下，要开一家赚钱的花店并不是一件简单的事情，而借鉴Roseonly花店卖花的方式来经营自己的花店能够收到非常好的效果。也就是说，花店经营者要想法在产品中融入专属情感因素，以稀缺性来刺激消费者消费。

我们不难发现，iPhone虽然昂贵，却能得到用户喜欢，因为它对一部分消费者来说是稀缺的，也是一部分消费者专属的；很多奢侈品虽然价格不菲，但是仍旧有很多人喜欢，这也是一样的道理。虽然空气对所有人都非常重要很有价值，但是没有人去买卖这个空气。为什么呢？太多了。上述一系列现象里面都是稀缺性在起作用。因此，Roseonly花店的专属情感、稀缺性才能够大获成功。花店在经营过程中，要通过一种整合方式给消费者带来专属、稀缺的独特体验。对于花店经营者来说，店铺要想赚钱，也要打造"稀缺性"产品，也要在产品中融入专属情感因素。

对于花店来说所谓的稀缺性就是要让产品"人无我有"，竞争日益激烈的互联网时代，花店不能再靠数量取胜，而是要靠质量取胜，产品只有体现其独一无二的尊贵价值，才能得到用户的喜欢。在这个理念下，花店要对市面上的花进行调查分析，并找出稀有珍贵的花朵，以这种稀有珍贵的花朵作为主打品牌。同时，花店还要为自己的产品融入专属情感因素。比如说，把店铺内的花进行分类，把不同种花的组合作为送父母、老师、朋友的专属。一旦在花中融入了情感因素，就能促进花朵的销售，并极大促进店铺的销售业绩。

 玩微博，晒单促成交

互联网时代，营销的作用更加重要，而花店要想赚大钱，也要做好营销，而微博营销则是其中比较重要的一种方式。因为随着互联网信息时代的到来，微博这一深刻影响人们生活和思维习惯的基于用户关系的信息分享平台，正越来越受到营销者们的重视。而在店铺微博营销的过程中明星起着非常积极的作用，Roseonly花店在微博营销的过程中充分利用了明星的作用，从而带来了Roseonly鲜花销售爆炸式的增长。

2013年1月4日，"一生只送一人"Roseonly花店项目正式提出，2月初，Roseonly官网上线，预售99盒情人节玫瑰，对于，Roseonly花店来说，这次预售只是试水。在试水之前，Roseonly创始人蒲易在春节前就进行了预热，在自己的微信朋友圈里推广Roseonly。朋友圈中重量级的朋友开始积极转发这条推广信息，比如搜狗的王小川、新希望的刘畅、世纪佳缘的龚海燕等。经过不断转发，很多明星也加入到传播推广中来，李小璐、杨幂、李云迪、林志颖等明星纷纷依靠微博晒单，并在微博上高调展示Roseonly的鲜花和它一生只能送给一个人的理念。比如李小璐的微博晒单："大亮送给我的一大束Roseonly据说Roseonly花店的玫瑰花很矜贵，并且一辈子只能送一位佳人～我和甜馨儿好幸福！有你的only true love就心满意足了哦！"

除了明星晒单之外，Roseonly花店还充分利用了意见领袖的重大作用，意见领袖在微博上对Roseonly热捧。在明星与意见领袖的热捧下，Roseonly官方微博增加了数万粉丝，并且官方网站每天都会有巨大的流量。并且还促进了订单量的飞速发展，仅仅在3月就卖出了上千盒玫瑰，

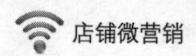
销售额也迅速突破了百万元。Roseonly上线6个月，这种销售呈现出来的爆炸式增长一直在持续，七夕节前，预订已经达到数万元，最终销售出近5 000盒的玫瑰。而在8月，Roseonly的销售额接近千万元。

对于Roseonly花店来说，营销的成功之处就是在微博营销的过程中充分利用了明星、意见领袖的作用，Roseonly花店的这次微博营销之所以能够取得这么好的效果，还在于精准把握了营销的目标人群，正如Roseonly主管微博营销的郭凌鹤所描述："他们是微博上活跃的85后到95后。他们的物质基础不错，品牌理念觉醒早，不管是生活在一线城市还是二三线城市，都对奢侈品、大牌非常追捧。他们从影视作品和游戏里长大，会有意识地模仿，让自己的生活更具戏剧性，倾向于用仪式化的手段让自己的生活更浪漫，非常重视表白、求婚。"

Roseonly花店微博营销取得的重大效果告诉花店经营者，要充分利用微博这一有力的营销工具，并且要善于利用明星、意见领袖的力量来推广自己的花店。由于这些人有数量很多的粉丝，他们的推广信息能够产生大规模的影响力，从而能够促进鲜花销售爆炸性的增长，为花店赚取大量的利润。

虽然明星在微博营销的过程中发挥着重要的作用，但并不是每一个花店都能像Roseonly花店那样请得动明星，特别是对于一些小的花店来说，更是难于与明星挂上钩，那么，意见领袖就在微博营销的过程中担任着重要的角色。

所谓的意见领袖在粉丝数量上来说，是指有效粉丝数达到1 000以上的微博用户。之所以重视意见领袖的作用，主要是因为意见领袖有较多的粉丝，他们的言论能够形成一定的规模效应，从而扩大品牌的影响力。意见领袖在微博营销过程中的重要作用体现为3点：一是超高的活跃度，意见领袖在微博平台上的活跃程度以及与其他账号交互程度的活跃性是很强的。二是高覆盖度，意见领袖影响的范围是非常广的，它可能影响到成千上万，甚至数十万的粉丝。三是传播度高，意见领袖发布的内容具有较高被转发、被评论的传播度。就此我们不难发现意见领袖在微博营销过程中发挥的重要作用，正是因为意见领袖在微博营销的过程中发挥着重要的作用，所以花店在微博营销的过程中要善于利用意见领袖来展开营销。

虽说意见领袖在花店微博营销的过程中发挥着重要的作用，但是由于意见领袖的等级不同，一般店铺寻找拥有过千粉丝的意见领袖很简单，但是要想找到拥有粉丝量过万或数十万的意见领袖并不简单，这就需要通过与微博主协商，给予一定的经济报酬或其他物质上的回报，让其参与到花店微博营销的过程中去，以促使产品或品牌大面积曝光。

 ## "MINI车+男模"送花，引爆眼球效应

互联网时代，要想开一家赚钱的花店，花的配送方式也很重要，如果有出色的送花方式，就能促进花的销售。互联网时代注重的是购买体验，甚至可以说体验比购买的产品更为重要，购买体验重在营销，而营销能够在花的配送方式中得以体现。而引爆眼球效应的配送方式不但能够购买者带来良好的购买体验，同时也是一种重要的营销方式。

所谓"眼球效应"笼统地说就是用各种可能的手段和方法造成醒目、轰动的效果，以便把别人的目光吸引过来，引起人们的注意，以达到宣传自己，推广自己，从而达到品牌推广的目的。从中我们不难发现，要引爆眼球效应就要依靠各种能够引爆眼球效应的手段，在这方面，Roseonly花店做得比较出色，而这种引爆眼球效应的做法具体体现在花的配送上。

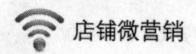

与很多花店配送方式不同的是，北京的Roseonly花店采用的是"MINI车+男模"的配送方式，男模都是清一色的一米九以上的帅哥，这些帅哥开着MINI车为购买者送花，引爆的眼球效应是可想而知的。为了更能引起轰动效应，Roseonly花店还把在参加《爸爸去哪儿》节目后红遍网络的张亮父子请来，在2013年圣诞节期间做了一次社会化营销，更有天天与张良的对话为营销助力，天天："爸比，今年圣诞节我们去哪儿？"张亮："今年圣诞节，老爸要带上你，做Roseonly花店的爱心使者，去给大家送鲜花。"这次营销再次引爆了眼球效应，让Roseonly花店的品牌影响力更加深入人心。

仔细分析一下，Roseonly花店就是依靠配送方式来引爆眼球，从而达到品牌推广的目的。Roseonly花店送花选用的交通工具是清一色的MINI车，MINI车深受广大女性消费者的喜欢，用MINI车作为送花的交通工具，定然能够让接受花朵的女性惊喜，同时能够影响到接受花朵的女性身边的人。而送花的人是清一色的男模，这些男模相貌俊秀，身材标准，当这些送花的人出现在接受花朵的女性面前的时候，带来的定然是惊喜的效果。MINI车与男模结合起来，这种鲜花配送的方式能够极大地吸引消费者的眼球，也能够形成轰烈的社会效应。Roseonly花店把营销做到了花的配送中去，依靠这种抓人眼球的配送方式，为顾客带来了绝佳的消费体验，同时，极大地推动了鲜花品牌的推广，让顾客更深入了解Roseonly鲜花品牌。

Roseonly花店的这一做法给鲜花店配送方式以借鉴，唯有选择合理的鲜花配送方式，才能既满足配送的同时，又起到推广营销的作用。然而，并不是所有的鲜花店都能像Roseonly花店那样，用"MINI车+男模"的模式来送花，特别是对于一些经济实力不强的小花店来说。但这并不是说小花店就不能在满足鲜花配送的同时做到店铺营销，花店要综合利用各种方式来达到既送了花，又实现营销的目的。具体来说可以有以下两种方式。

在配送车上做营销。对于一般的花店来说都有自己的配送车辆，虽然并不是每个花店都能用MINI、奔驰、宝马来吸引眼球，但是花店可以在自己专有的车上做营销，比如在鲜花配送车上打上鲜花店的名字，以及宣传口语等。这些名字、宣传口语等必须是醒目的，能够一眼就能被人看到的。

尽可能选择帅气的男员工配送。鲜花一般是男性消费者卖给女性的，而用帅气的男员工配送鲜花能给接受鲜花的人带来很好的消费体验，这一点与Roseonly鲜花店选择男模送花有相通之处。虽然并不是每家鲜花店都能请来男模做送花使者，但在一定程度上注意送花者的形象定然能够为顾客带来不一样的体验。

总之，对于鲜花店来说，不要仅仅把配送当成一个任务来完成，而要把它当成一种营销方式，这种移动性的营销方式能够取得非常好的营销效果，因为它能让营销渗透到更大的范围中去，让更多的人知道花店品牌，从而起到推广营销花店品牌的目的，也就相当于挖掘了更多的潜在客户，为花店赚取更多的利润打下基础。

 ## 精彩讲述产品故事

在所有营销手段中，故事营销是比较有效的一种。故事营销是指在品牌塑造时采用故事的形式注入情感，增加品牌的核心文化，并在产品营销的过程当中，通过释放品牌的核心情感能量，辅以产品的功能性及概念性需求，进而打动消费者的心灵，从而保持产品在稳定上升的过程中有爆发

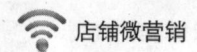

性的增长。在人人连接的互联网时代，要想让品牌口口相传，必须赋予品牌一个故事，让内容具有的附着力，才能够形成病毒式传播。Roseonly采取讲述产品故事的做法进行营销，并最终取得了良好的效果。

店铺营销要想取得良好效果，关键是品牌要有故事。特别是对于鲜花这种情感附加值很高的产品，要想取得良好的销售效果，一定要给用户一个消费的理由。Roseonly的做法是为自己的品牌寻找故事，这种品牌故事与爱情紧密结合起来，利用爱情推崇的"唯一性"推出Roseonly鲜花要"一生只送一个人"。如此品牌故事的诉说对一些女性用户来说诱惑力是很大的，这也是Roseonly鲜花深受消费者喜欢的重要原因。除了这个综合性的品牌故事外，Roseonly的鲜花产品有自己的故事，比如鲜花来源地，为了给消费者提供优秀的鲜花产品，Roseonly的创建者们拜访了世界的顶级玫瑰园，从海明威故居基维斯特（Key West）神秘的蝴蝶玫瑰园，到久负盛名的伊朗玫瑰水之乡卡尚，至赤道地区传奇的厄瓜多尔玫瑰镇。Roseonly把这些地方有名的玫瑰带到北京，并把它们送到消费者的手中。

这就是Roseonly的故事，鲜花产品的故事。在这些故事下，消费者知晓Roseonly的玫瑰是专属的，并且很多鲜花都是来自世界各地，而购买Roseonly鲜花就是高端大气上档次的，这就极大促进了Roseonly鲜花的销售，并带来Roseonly鲜花销售爆炸式的增长。

从中我们可以看出故事营销对于花店发展的重要作用，所以要开一家赚钱的花店，最好能够做到为自己的店铺和产品赋予故事。野兽派花店也是因为做到了这一点，所以才在互联网时代异军突起，深受消费者感知。

野兽派花店没有实体店，甚至连淘宝店都没有，却把鲜花卖得红红火火。严格意义上来说，野兽派花店开店凭借的仅仅是一段文字介绍和微博上几张花卉礼盒的照片。野兽派花店微博是2011年12月底上线的，经过一段时间的经营，野兽派花店微博就拥有了数十万粉丝，其中有许多都是演艺界的明星。野兽派花店之所以能够获得这么多的粉丝，就是因为野兽派花店为自己的花赋予了故事，正是这个故事让野兽派花店受到众多粉丝的热捧。野兽派花店的鲜花每一束花的背后，都有故事。在野兽派花店订花是与其他花店订的方式是不同的，在这里订花只需要说明订花的意图，店家就会专门定制一束与之相符合的鲜花。比如顾客要求"送花给女朋友，希望花束能再现两年前相识的场景，五角场某某商城……"，店家就会根据这一需求制作出合适的鲜花以尽可能贴切地传达顾客的意图。在众多野兽派花店故事中，"莫奈花园"故事更是被大众喜欢，它是为某位希望能够表现出莫奈名作《睡莲》的意境的顾客量身定做的，应这位顾客的要求，野兽派花店赶制出了相应的花束。

这些都是野兽派花店的故事，依靠这些故事，让没有店的野兽派花店粉丝数激增，并且取得了非常好的销售业绩，野兽派花店的花已经不再是单纯的鲜花，而是一个故事，而消费者就是这个故事的主角。正是这种体验让野兽派花店受到粉丝的热捧，并成为互联网时代以互联网思维进行店铺打造的典范。

这两个案例告诉我们，要想开一家赚钱的花店，就要善于利用故事展开营销。鲜花店充斥整个市场，出现了供过于求的现象，花店要让产品出奇制胜，就要善于说个好故事，利用故事来加深花店在顾客大脑中的印象，让花店常绕客户脑海，这远比促销大降价来得有效。一个好故事胜过千万元宣传费，对于花店经营来说，谁的故事说的好、感人，能让消费者产生共鸣，谁就赢得市场。而花店展开故事营销的方式有以下四种。

1. 历史故事。源远流长的历史故事可以赋予品牌深刻而生动的文化内涵，而拥有历史故事的产品更是能让消费者对其怀有特殊的情感，进而直接或间接催生消费者的购买欲望。花店要善于赋予自己的鲜花以历史故事，比如鲜花的历史渊源。

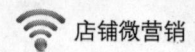
2. 创始人故事。创始人故事对于花店的发展来说具有很大的促进作用，神秘的创始人故事能满足顾客的好奇心、兴趣感，以激起他们消费的欲望。

3. 神话传说。每个人的心中都有一个美丽的神话，如果能够把自己的店铺或者产品与神话结合起来，就能让顾客有进一步探求的欲望，进而让他们对花店及其产品有更为深入的了解。

4. 自己编撰。这是故事营销的捷径，具体做法就是为自己花店的品牌或产品专门撰写一个故事，这个故事必须是吸引人的，同时又必须是与花店品牌或产品有着紧密关联的，而不是没有研究的胡乱编造。

O2O新模式逆袭到底

在O2O模式日益受到社会关注的时候，花店也应该把这种模式应用到经营中来，因为这种模式能够促进花店的成交，并最终赚到钱。Roseonly专爱花店就把这种模式纳入到经营中来，并且取得了非常好的效果。

Roseonly具体的O2O模式是"线下实体店+官网商城+高度便捷物流+移动支付入口"相结合，这种模式成为互联网电商运用O2O新模式成功经营的典范。为了更好地践行这一模式，Roseonly创建了很多线下实体店。除在北京太古里北区建立中国内地第一家实体店外，还于2014年3月30日在上海新天地朗廷酒店一层开设了上海第一家门店。为了让线下实体店更好地发挥作用，Roseonly会于2015年前后陆续在深圳、成都、广州、杭州等城市的核心商圈陆续开设实体店。如果说Roseonly特别注重O2O模式对于花店发展的重大作用，那么，北京、上海实体店的开设就是Roseonly在线下方面的重要一步。

除了做好线下实体店外，Roseonly在线上则开始了进一步的规划。Roseonly首先通过微博微信等在线平台打造品牌，具体方式是在朋友圈里推广自己的品牌，打造"一生只送一人"的理念，同时，充分利用微博这个营销平台，通过明星微博晒单的方式来做品牌推广。除了推广之外，Roseonly还创建了官网商城，以方便顾客购买。在O2O模式中，物流是比较关键的一环，Roseonly在物流上也做出了巨大的努力，Roseonly与联邦快递和顺丰等大型物流公司展开全面战略合作，让80%的订单实现了24小时快递送达。而在北京，为了提高消费者购物体验则采用了"MINI车+男模"的配送方式。此外，Roseonly还打通了微信支付入口，以方便顾客随时随地购买花店产品。

这就是Roseonly专爱花店典型的O2O模式，正是因为做到了线上线下的高效打通，所以Roseonly的销售量呈现出爆炸式的增长，成为利用互联网思维进行店铺经营的典范。Roseonly的巨大成功告诉花店经营者，要想赚大钱就要善于把O2O模式纳入到店铺经营中来，以最大限度提高销售量。

所谓的花店O2O指的是完成花店与互联网的快速对接，让互联网成为线下交易的前台，让网店为线下花店创造更多商务机会，就是把线上的消费者带到现实的花店中去。对于花店来说，具体的O2O模式是：网上商城+线下实体店+物流+支付方式。也就是说花店可以通过线上实现店铺服务以及购买支付，然后通过线下花店来解决配送问题。简单来说就是线上揽客，线下送花。由于鲜花是特殊产品，消费者在购买的时候更加注重实际体验，所以在整个花店的O2O模式中，要更加注重线下，这样才能让消费者感觉到踏实。

开花店第一步是要做好网上商城。花店网上商城要对用户有用，即能

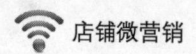

够使网站浏览者轻松找到，并引导其长时间地浏览页面，进而将网上用户变为实际客户，将潜在的销售变成实际销售，产生订单。方便顾客选择购买鲜花，创造便捷支付。在花店网上商城页面可以按用途、花材、类别、价格、节日专题等分类，以方便顾客购买。同时在网店页面上写下花店的简单介绍、花店信息、花语等，除此之外还要设置帮助栏，设置帮助栏的目的是为顾客提供方便的购物指南，包括新手上路、支付方式、配送说明、相关服务等。

第二步则是要做好线下实体店。做好线下实体店，首先是要做好装修。花店装潢的颜色有很大的讲究，现在有许多商店非常注重店面内部的颜色，有些商家通过心理测试认为，红色等比较明快的颜色适合花店的色彩，这些色彩会令人处于一种相对兴奋的状态，激起人们的购买欲望。花店门是顾客与商品出入与流通的通道，店门不易做得过小，商这样才能接纳更多的顾客。除此之外，花店的布置很重要，精巧、美丽的布置，不但能吸引消费者的视线，引领其走进花店，而且巧妙的布置有时也会给顾客带来灵感，顾客也会把看到的一些好点子与家居装修、装饰结合起来，进而成为花店的常客。除了要做好实体店的装修设计外，还要做好服务。在鲜花销售时不仅要详细介绍每种花材的名称、含义、养护方法，更要说明店铺插花设计的构图方式、制作方法和寓意。要根据客户的用途、审美观点、年龄层次，创作适合的作品，使其高兴而来，满意而归。对于提前预约送花的客户，应详细介绍送花诀窍，并填妥预约单和送花单，进行存档。特别是结婚用花和生日用花，必须详细记录，以为顾客的第二次购买做铺垫。

第三步要做好鲜花配送。鲜花配送关键是要快速、准时，快速、准时的鲜花配送能给消费者带来良好的消费体验。鲜花配送如果是本城的话可以选择有店铺本身配送，如果是异地的话可以与第三方合作进行配送。

第四步是要做好支付方式。支付方式在很大程度上也决定着顾客的购物体验，鲜花的具体支付方式有很多，比如现款付款、银行卡支付、支付宝支付等。为了让支付变得更加便捷，还可以开通微信支付。

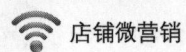

第十二章 优衣库：这样卖衣服才能赚大钱

 推出有趣应用APP，引爆下载量

　　优衣库（UNIQLO）是日本著名服装品牌，创建立于1963年，当年是一家销售西服的小服装店，现已成为国际知名服装品牌。优衣库的迅速发展与它独特的营销模式分不开，正是因为有了独特的营销模式，才引发了优衣库的热卖潮，并最终促进优衣库的迅速成长。

　　优衣库从2008年开展线上营销略，并且取得了良好的营销效果。而其中最为众人津津乐道的是推出时钟、日历、闹钟等有趣的APP，以此来引爆下载量。为了增强线上推广，优衣库于2008年在博客上推出优衣库时钟，确切地说是一个电脑上使用的时钟，用户可以将它作为窗口部件安装在微博上，或者作为屏保下载。这个时钟的独特之处就是将美女、音乐、舞蹈与优衣库当季主打服装结合起来。

　　优衣库时钟是一款时钟，也是优衣库新鲜的广告方式，吸引人的除了清纯的女孩子，还有舞蹈、视觉和音乐上的设计。这样一个时钟对于用户是有非常大的吸引力的，因为它的新奇有趣超出用户想象。这个时钟不但能够显示时间，而且每隔5秒还会进入一段随机出现的影片，5秒影片结束后，会进入下个5秒的时钟跳动期，如此循环往复。每过1分钟，出自著名日本电音DJ——FPM的音乐便会转变调性，随机播放着基调相同但经过混音的音乐，当每个整点来临时便会自动切入一段30秒的特殊舞蹈影片。整个时钟的影片是每天24小时无间断地以润物细无声的方式将品牌信息传递给观看者的。影片中出现的场景是有人在跳舞或上楼等，舞者轻盈的舞步、有趣的动作，以及人物情节的随机性都吸引观看者热切地关注。

　　这款时钟的舞蹈场面根据时间的不同而呈现出不同，如在白天的时候影片里的场景通常是阳光明媚的户外，或者是光线很好的室内。一旦到了夜间，背景就会变成开着台灯的书房等，并且整个音乐也会变得更加平静而舒缓。如果是过了晚上12点，优衣库时钟就会进入睡眠模式，而舞蹈场景也会变成美女秉灯读书、伏案而睡等场景。

　　具体的舞蹈场景都是营销的手段，为了达到营销推广的目的，影片中的人物都会穿优衣库当季的主打服装。优衣库推出的这款时钟可以作为插件下载安装到博客网站上，因为有趣、方便、快捷，所以这款应用深受用户的喜欢。这种营销手段是颇见成效的，优衣库时钟在全球200多个国家已经有超过2亿人次的浏览量，下载量也超过50万。

　　除了这种营销策略外，优衣库还在2009年推出了另外一种开展营销的工具——优衣库日历（UNIQLO CALENDAR）。优衣库日历以独特视点由不同季节的映像、音乐、优衣库的商品画像三部分组成，可以在博客页面欣赏的日历，这种日历可以放在博客页面进行欣赏，消费者可以根据日历了解优衣库当月售卖的服装及配件。

　　为了打造这款日历，优衣库从包括东京、京都等日本7个城市的32个

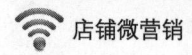

场景进行拍摄，依靠独特的视角来展现日本的文化和日常生活方式，使用这个日历的用户可以充分了解日本；除此之外，这款日历还为用户提供所选城市的天气信息，如果点击图像，还可以查询优衣库新发布的商品信息。这款日历的背景音乐是由著名萨克斯风演奏家清水靖晃与担任优衣库时钟音乐制作的Fantastic Plastic Machine联袂打造的《爱之梦》混音版。这款日历是由优衣库打造的，并且自2009年6月起开始提供免费的电脑博客插件、电脑屏保等版本。而iPhone版则是一个小型视频和音乐组成的并可管理日程表的日历软件。优衣库可结合谷歌日历和iCal的日程表，通过GPS功能显示日期、时间、天气等信息，下载使用也是免费的。

因为有趣、好玩，并且具有一定的实用性，所以优衣库日历一上线就深受用户喜欢，下载量突飞猛进，优衣库的品牌也得到了深度推广。

除了优衣库时钟、优衣库日历外，优衣库还于2012年推出了优衣库闹钟（UNIQLO WAKE UP）。优衣库闹钟是一款创新的社交型闹铃应用，优衣库闹钟颇有Metro风格，配色较为日系，除了闹钟功能外，配有天气预报功能，软件可以根据GPS定位，来提供天气提醒，自带英语、中文等多种语音播报方式来叫醒睡眠中的用户。这款应用的特色是可根据天气、时间和星期几的不同自动生成闹铃音乐。此外，这款应用还支持将闹铃停止时的天气、气温、时间等信息作为"起床记录"，分享到Facebook、Twitter、人人、微博平台上，不仅可以提醒用户早上的出行，也为用户的社区好友提供了服务。

优衣库闹钟自以APP的形式上线以来，仅仅用了大约4周，下载国家和地区就超过196个，下载量突破了50万次。

以上就是优衣库的三种线上推广策略，从中我们不难发现优衣库在做营销推广时真正把握的原则是好玩、有趣，这也告诉服装店经营者在进行品牌营销推广的时候，要善于把有趣、好玩的因素加入进来，以此来吸引顾客，并最终依靠这种因素来促进服装的成交量，为自己的服装店带来大利润。

SNS游戏推广，提升品牌影响力

很多人不能抵抗游戏的魔力，很多人在做营销的时候也看准了这个营销平台，把它作为一种营销推广的工具。特别是社交游戏的出现，让更多的人在进行营销推广的时候看中了这个平台。随着互联网的普及，社交游戏也慢慢走进了人们的网络生活，社交网络（SNS）中的社交游戏更重视人与人之间的互动。经典的棋牌游戏在互联网上被迅速普及，在互联网发展初期已经形成了相当大的市场规模。正是因为社交游戏有很好的营销推广作用，所以它成了大家都比较重视的一个营销平台，而优衣库也推出了一款基于SNS的社交小游戏，并取得了引发网络排队的效果。

2010年，优衣库将全球的互联网营销重点放到了Facebook上，开始利用Facebook和Twitter这两个社交平台展开SNS营销推广。优衣库在亚洲第一次的SNS营销推广是在日本，这次活动的游戏和服务器在优衣库的官网上，并且这个游戏设计得非常酷。用户可以用Facebook或Twitter账号登陆优衣库网站，排队领取优惠券。这次SNS营销推广的活动取得了很好的效果，吸引了6万人参与到这次活动中来。之后，优衣库将排队活动的战场放在了中国台湾，这次活动的平台仍旧是Facebook，并且奖品比上次更加诱人，除了打折优惠券外，优衣库还提供了100件纪念T恤抽奖。用户只要参加排队的游戏，就能知道自己是否中奖。这次活动比上次更加成功，共吸引了60万人参与进来。在中国台湾取得了很好的营销推广后，优衣库又

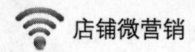

把战场拉回了日本，这次开始在MIXI、Facebook和Twitter社交平台上进行声势更大的SNS营销推广。在这次营销推广中，优衣库把日本每个州不同的景色设置为排队游戏的背景，小奖品除了优衣库的优惠券外，还有当地特产，同时这次营销推广活动还设置了超级大奖——到世界上某个城市的优衣库旗舰店去旅行。即使是用户没有中奖，也可以领到一张折价券。这次营销活动也取得了非常好的营销效果，吸引了将近17万人参与进来，对优衣库品牌的推广起到了很好的促进作用。

之后，优衣库把SNS小游戏营销推广的模式移植到中国内地，与其合作的是人人网。这款社交小游戏，界面是时尚的卡通，而色彩则选择的是诱人的糖果色，玩这款小游戏的用户可以挑选自己喜欢的卡通形象作为游戏中的角色，去参加一个品牌的促销排队。在去参加品牌促销的过程中，用户需要走过长长的队伍，很可能会从这里看到自己的SNS好友，好友中奖的消息也会被告知。当参加这个游戏的用户走到队尾的时候，就会被告知自己是否中奖。如果用户没有中奖，那么5分钟后可以加入第二次排队，排队的次数是不受限制的，用户可以一直排队排到自己中奖为止。

这项社交游戏的基本奖项是优衣库的打折优惠券，优惠券可以在优衣库任意一家门店消费。这款小游戏中还为用户设置了大奖，即iPhone、iPad、优衣库服装大礼包。这款社交游戏作为优衣库的一种营销手段获得了很大的成功，据统计至少有133万人参与到游戏中来，并且在活动期间优衣库的B2C网站每天的独立访客（UV）超过10万。优衣库依靠社交小游戏来做营销取得的效果无疑是非常成功的，它很好地推广了优衣库的品牌，并且让优衣库品牌更加深入人心。

优衣库依靠SNS推广营销取得了良好的效果，告诉服装店经营者要善于利用SNS游戏来推广自己的服装品牌。然而，而社交游戏的创作与推出需要把握以下原则。

1. 游戏要体现有趣性、互动性。有趣才能吸引用户的参与，互动性强才能起到品牌营销的作用。

2. 要与开发平台深入对接。SNS游戏是需要与开发平台深度结合才能充分借用开发平台的功能，并且增强用户之间的相互沟通。

3. 要有奖品的诱惑。游戏如果没有奖品的合理设置，就失去了诱惑力。在设置奖品的时候可以把服装店的优惠券当作最基本的奖项，除此之外，还要融入更加具有诱惑力的奖项。

4. 游戏设计要注重本地化。不管是游戏场景设置，还是人物形象设置，都要考虑到本地化因素，这样才能符合用户的使用习惯。

 ## 注重线下，避免双线互搏

对于服装店来说，虽然O2O模式能够带来利润，但还存在这样一个问题，那就是双线互搏。对于服装店来说，如果解决不好这个问题，那么就会出现双线竞争的态势，从而阻碍服装店盈利。优衣库看到了双线互搏对于店铺发展的阻碍，设法解决了这一问题。

互联网的飞速发展，带来了电商的迅猛崛起，传统实体店面临着巨大的压力，甚至一部分实体店被冲垮。在这种市场环境下，很多实体店开始转战线上。然而，真正的O2O模式要做的是注重线上的同时，也要注重线下，这样才不至于顾此失彼。在O2O模式呼声越来越高的时候，优衣库也进行了尝试，然而与大多数试水O2O的店铺经营者不同的是，优衣库更加注重实体店的作用，并且为了增强实体店的竞争力，还实施了3点措施。

1. 优衣库通过价格调整，最终实现了线上、线下同价。线上线下不同

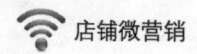

价往往是给实体店造成冲击的重要原因，对于消费者来说，网上买更便宜的观念似乎根深蒂固，优衣库要把门店的商品售价都降到网上的水平，这种双线同价最直接的影响是将线上客流分流，优衣库此举是希望引导线上消费者消费习惯的转变。从而能够最大限度减弱双线互搏，起到保护线下实体店，增强实体店竞争力的效果。

2. 优衣库采取了"时间段区隔""产品区隔"的商品打折策略。在商品打折方面，优衣库为了实现增强线下实体店的竞争力，优衣库先是实施了"时间段区隔"，这种打折方式指的是对折扣活动的时间段进行指定规定，并采用错峰排序的方式，如果用户没有赶上线上折扣，那么就可以等待实体店的折扣期。除此之外，优衣库在商品打折方面还采取了"产品区隔"的策略，这种策略具体指的是线上与线下打折的商品在款型上进行区隔，并且指定特定的打折商品。不管是"时间段区隔"策略，还是"产品区隔"策略，都能最大限度地做到兼顾线上线下，而不是顾此失彼。

3. 举办大促活动。优衣库为了增强实体店的竞争力，经常会举办促销活动，这种促销活动一年会有四五次之多，而促销的时间大多选在换季、节假日期间。比如临近夏秋换季时段，优衣库以"换季"为主题，开展促销活动，促销活动的优惠幅度是非常大的，基本都在五折左右。优衣库在促销时，不论新款、旧款都有，不像一些品牌只会用过时的服装来做活动，所以对消费者来说，优衣库打折促销的诱惑力是很大的，常常吸引不少人前来购买和挑选。这种促销活动带来的是优衣库销售量的增加，以及优衣库品牌在消费者心中的印象加深，在促销阶段，优衣库实体门店经常出现

门庭若市的场景，甚至还需要工作人员在维持秩序。进入店内，试穿的过程又是排队。

从中我们不难发现，优衣库是如何注重实体店的竞争力的。优衣库之

所以注重实体店的竞争力，就是为了避免出现双线互搏的现象，进而让整个O2O模式发挥重要作用。优衣库的这种做法，给服装店经营者以借鉴，那就是在注重线上的同时，还要注重线下实体店的建设，以免出现双线互搏的现象。作为服装店经营者来说，要想增强线下实体店的竞争力，还要从以下两个方面入手。

线上要为线下服务。互联网时代，线上商店飞速发展，服装店也要迎合市场，创造线上商店。然而，要增强线下实体店的竞争力，就要充分利用线上商店，让线上商店为线下实体店服务，鼓励线上消费者去实体店消费。很多网上服饰店铺经营得有声有色，但是要注意为补充实体店铺在网络人群市场上日渐扩大的空缺做服务，让实体店在没有成本和价格优势的情况下，可以依靠线上的引流来促进实体店的销售。

要增强实体店的购物体验。面对网购的强力冲击，实体店要试图挖掘自身的优势留客，其中，增强消费者体验感成为揽客的一个重要法宝。也就是说，在实体店购物要给顾客以美好的购物体验。比如，厦门七匹狼服饰与时尚廊书店合作，要在服装门店内开设咖啡书店。让消费者可以在厦门七匹狼服饰店内，消费者在买衣服的同时，还能看书、喝咖啡。再比如，卡宾服饰则已经在其不少销售终端融入了咖啡、音乐等服务，休闲区面积甚至超过10%。这样做是为了给顾客带来不一般的体验感，依靠增强服务体验，给消费者一个出门进店并停留驻足的理由。

 ## 上线UNIQLO APP，实现一站式购物

移动互联网的到来，让移动APP受到很多企业经营者的青睐，很多服

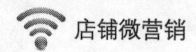

装店也推出了移动APP，以完成一站式购物。优衣库也推出了自己的移动APP，这项手机移动应用的推出，为优衣库的经营、营销推广起到了非常重要的作用。

2013年4月15日，优衣库面向中国大陆地区用户推出涵盖IOS版本以及安卓版本的官方手机应用——UNIQLO APP。用户通过优衣库官网、手机官方页面、APP Store、Google Play等平台都可以下载这款移动应用。UNIQLO APP上有丰富的内容，用户通过这款APP可以浏览优衣库新闻、查阅商品手册、查询实体店铺信息、查收促销单页，并且这款移动应用还有移动商城购物、二维码扫描、推出礼券等功能。为了积极推行UNIQLO APP，优衣库官方承诺用户下载这款APP后可在实体门店购物时享受优惠。

与众多的手机移动应用相比，优衣库的这款手机应用能够实现一站式购物。用户通过这款应用可以查询距离自己最近的店铺，并且在这款移动APP上还能查询到店铺联络方式，营业时间、销售商品等信息。在这款手机应用上，还有路线查询服务，用户可以采用导航查找路线到达自己想去的店铺。除此之外，UNIQLO APP还具有礼券功能，用户仅需下载应用，即有机会获得实体店铺礼券一份。而在购物环节UNIQLO APP与天猫进行打通，消费者可直接在手机端完成一站式购物。

这种一站式购物APP为优衣库的营销推广起到了非常大的促进作用，越来越多的用户开始下载UNIQLO APP，并成为优衣库的忠实粉丝。优衣库UNIQLO APP具有一站式购物的功能，整个购物过程可以在手机上完成。这种方便性是移动互联网时代特性的重要体现，作为服装店来说，要打造这种一站式的购物APP，以方便用户购物，最终起到促进成交的作用。之所以要打造一站式购物APP，主要是因为在生活节奏日益加快的今天，很多人都不希望将时间浪费在购物上，很多人都希望用最短的时间买到自己最需要的东西。而随着智能手机的普及和移动互联网的发展，如今越来越多的人喜欢上了手机购物，相比传统网上购物，手机购物的方便性和实用性都更胜一筹，而且，提供给用户的APP也比较丰富，用户在这方面有较宽的选择余地。正是因为如此，一站式购物APP就能满足用户的这一需求，能够更有针对性，也更能迅速促进产品的销售。

服装店要打造一站式购物APP，就要做到以下4点。

1. 要为用户提供多项快捷查询服务。一站式购物APP需要为用户提供全方位的查询服务，比如服装品牌新闻、服装商品信息、服装实体店信息、店铺促销信息等，还要为用户提供位置查询功能，让用户能够以最快的速度查询到相关店面的信息，并能以最便捷的路线到达距离最近的店铺。

2. 要为用户提供强大的搜索功能。一站式购物APP要为用户提供强大的搜索功能，例如在搜索框中输入"孕妇装"，就会很快得出搜索结果，所有的搜索条目均以一定规格的图片，配合标题、价格、月销量的形式予以展示。图片便于用户快速筛选，价格和月销量则帮助用户判定是否进入查看详情。

3. 要做好直接下单功能。服装店一站式购物APP要想真正实现一站式购物，关键是要做好直接下单功能，甚至要做到一键下单。这样才能给用户带来良好的购物体验，从而促进购买行为的产生。

4. 要做好移动支付。一站式购物APP要想实现，还要做好移动支付，移动支付也称为手机支付，就是允许用户使用手机对所消费的商品或服务进行账务支付的一种服务方式。服装店要想通过一站式APP做好移动支付，就要做好手机支付，具体的支付方式是可以与银联卡打通，也可以是利用支付宝、财付通等第三方支付软件。在移动互联网发展的今天，微信支付已经成为一种重要的支付方式，服装店再开打造一站式购物APP的时候也可以把微信支付纳入到一站式购物APP中来。

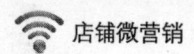

 在优衣库没有会员与积分之说

对于现代店铺来说，会员营销已经成为店铺经营的一种重要手段。而其中最有代表性的一种营销方式是会员积分营销。所谓的会员积分是顾客作为会员消费的时候，商家给予的附加价值，也是作为尊贵会员消费的一种象征。会员积分功能不仅是一种奖赏，更多是一种营销功能。会员通过消费可以得到积分、而增加到一定积分可以会员升级，享受更多的会员优惠服务、积分也可以用来兑换礼品或是直接兑现，这无疑会刺激消费者更多的消费。

然而当大多数店铺都热捧会员营销，争相依靠会员积分来刺激消费的时候，优衣库却反其道而行之，它没有会员体系，也没有积分一说。这种做法是由它崇尚的理念决定的。优衣库的经营理念是做全世界人类的好朋友，无论顾客是第一次来，还是第一百次来，它都会对顾客一视同仁。既然是一视同仁，那么会员体系、积分就没有了存在的必要。优衣库的这一做法对其发展起到了一定的正面作用，具体总结一下，有以下4点好处。

1. 没有会员管理系统，优衣库就不必在这方面耗费财力人力，而节省出来的钱就可以投入到线下店各方面环境的改善上，这就能增加线下实体店的竞争力。

2. 没有会员管理系统，所以优衣库的客户管理更加简单，从而保持了开展活动时的灵活性，使线上线下的互相导流和活动配合更加容易。

3. 没有会员制度让每一个购买优衣库的消费者都有平等的感觉。会员制度的存在常常会给不是会员的消费者造成心理上的不平衡。可以设想一下，同是在同一时间走进店面的顾客，拥有会员卡的顾客可以享受高质量的服务，同时在购买产品的时候还会给予打折优惠，这就会让不是会员的顾客产生巨大的心理落差，这种不平等的感觉会让顾客产生不愉快的购物体验，这是不利于店铺的发展的。如果取消会员营销体系，那么这样的现象就可以完全避免，让每一个走进服装店的顾客都能感受到平等的感觉。

4. 没有会员制度还可以提升自身服务的能力。会员制的存在会让店铺在服务上存在差异，对会员给予10分的服务，而对于不是会员的人服务则大打折扣。这种因人而异的服务方式会让员工在服务的过程中产生傲慢的情绪，甚至出现店大欺客的现象，这是不利于服装店的发展的。如果没有会员制，那么对每一位顾客都能做到一视同仁，以平等的服务方式来做服务，这就有利于店铺服务质量的提高。

从优衣库不设置会员管理体系一事上，我们可以得知，会员管理体系并非服装店招揽顾客的必然制度。虽然，在大多数情况下会员管理体系的存在能够促进店铺的发展，也能够为店铺带来更好的收入，但店铺要知道会员制的打造是需要耗费一定的财力物力的。服装店没有会员制也并不一定优于有会员制，有没有会员制要根据服装店自身的情况来决定，要综合考虑各方面的因素，考虑到投入产出比。

要不要建立会员制体系，应根据自身的情况来决定，因为有没有会员制体系各有利弊，不设置会员制体系的做法并不一定适合所有服装店，当服装店探索出属于自己服装店的经营方式的时候，就能从中赚大钱。

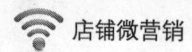

第十三章　星巴克咖啡：咖啡店的互联网打法

 星巴克赢在体验

　　星巴克（Starbucks）是美国一家连锁咖啡公司的名称，1971年成立，如今已经成为全球最大的咖啡连锁店。星巴克在全球范围内有上万家分店遍布北美、南美洲、欧洲、中东及太平洋区。用人数来说，每周都有超过7 000万的顾客走进星巴克咖啡店。

　　星巴克咖啡之所以能够取得这么大的成绩，很大一部分原因在于其体验式营销，正如为众人所知的那句话："星巴克卖的不是咖啡，而是一种体验文化。"正如星巴克首席财务官特洛伊·阿尔斯蒂德所说："星巴克能够拥有如此强大的品牌、客户的忠诚度、持续强劲的销售以及一个季度接着一个季度的盈利，原因就在于星巴克咖啡店提供的神奇体验。"

　　咖啡是一种世界性的饮料，在庞大的咖啡市场中存在着为数众多的品牌，星巴克却能从中脱颖而出，并成为行业的翘楚，关键在于星巴克的体验式营销策略，正是依靠这种体验式营销策略，星巴克得以迅猛地发展为世界最大的咖啡连锁店。星巴克的体验营销为其全球扩张提供了有效的保证。在都市白领中流传着这样一句话："我不在星巴克，就在去星巴克的路上。"由此可知星巴克已成了一种时尚文化的象征，而这种独特的文化体验正是星巴克的魅力之所在。

而星巴克的体验式营销主要体现在以下几个方面。

1. 在咖啡产品上，星巴克非常注重让顾客满意。星巴克将咖啡豆按照风味来分类，让顾客可以按照自己的口味挑选喜爱的咖啡。星巴克为顾客提供的不仅仅是一杯咖啡，更是一份浓厚的情感。比如，星巴克在秋季推出的三款诱人的浓缩咖啡饮品：层次分明、充满浪漫气息的焦糖玛奇朵；首次全面展示星巴克拿铁拉花技艺的特浓拿铁；添加全新咖啡奶油的啡常冰摩卡。每一款都以星巴克优质浓缩咖啡为精髓，给人美妙的口感和意犹未尽的体验。在星巴克，咖啡只是一种载体，通过这种载体，星巴克把一种独特的格调传送给顾客，努力把顾客在店内的体验化作一种内心的体验：让咖啡豆浪漫化，让顾客浪漫化，让所有感觉都浪漫化。

2. 在环境布置上，星巴克也极力为顾客打造一种美好的感官体验。星巴克没有把自己当作一个生产咖啡的地方来经营，而是定位于提供伟大的咖啡体验的场所。所以星巴克极力把咖啡馆塑造成人们的"第三个好去处"，打造成家庭和工作以外的一个舒服的社交聚会场所，成为顾客的另一个"起居室"，既可以会客，也可以独自在此放松身心。星巴克咖啡店的装修给人舒适的感觉：显眼的绿色美人鱼的商标，整幅墙面艳丽的美国时尚画、艺术品、悬挂的灯、摩登又舒适的家具给人以星巴克视觉体验；石板地面、进口装饰材料的质地、与众不同的大杯子、造成星巴克的触觉体验；独有的音乐、金属链子与咖啡豆的声音，顾客会找到亲切的听觉体验。星巴克依靠柔和的灯光、精致的家具、优美的音乐以及浓郁的咖啡香

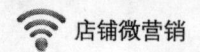

气形成了一种浪漫的氛围，让顾客一进门就能感受到温馨、舒适的喜悦。对于许多顾客来说，咖啡体验的关键部分就是玩味这种充满情感的饮料时周围的环境与气氛，这正是星巴克的魅力所在。星巴克不再单单是一个咖啡店，而是人际交流与聊天聚会的平台，又是人们寻找灵感与静心思考的港湾。

3. 星巴克还给顾客带来了行动体验上的娱乐。为了给顾客带来更好的体验，星巴克开设了顾客俱乐部，不仅教顾客如何饮用咖啡，还与顾客通过网络进行互动，定期举办活动，并向顾客提供优惠券。同时，星巴克营造出了与顾客生活形态相接近的环境氛围，在这里学生可以安静地读书，企业员工可以在下班后安心休息，星巴克遂成为人们生活中不可缺少的一部分。

这就是星巴克的体验式营销策略，星巴克把典型美式文化逐步分解成视觉上的温馨、听觉上的随心所欲、嗅觉上的浓香等可以体验的元素，给每位顾客带来超越饮用咖啡本身的独特体验——星巴克体验。这正是星巴克得以迅速发展的重要原因。星巴克的体验式营销策略告诉咖啡店经营者，不要单纯地卖咖啡，而要卖体验。如果仅把咖啡当成咖啡卖，一杯可以卖几十元，然而如果能让顾客体验到由咖啡的香醇营造出来的独特生活方式，一杯就可以卖到上百元。这就是体验式营销的重要作用。而咖啡店要想做好体验式营销，就要像星巴克那样，从产品本身、环境塑造、文化融入上下功夫，让咖啡店成为一个融入了情感的地方，让产品也成为一种满载情感的产品。这样就能撬动咖啡店的滚滚财富。

 创建网上社区助力线下

　　所谓的网上社区指的是随着互联网的出现，而随之出现的一个聚集了某个地区有地缘上的归属感和心理上认同感的人的平台，在这个平台上成员们把他们在现实生活中所遇到的人和事发表出来供大家讨论，网上社区又称BBS（Bulletin Board System）或论坛。网上社区能够有较强的影响力，甚至可以说社区的威力要比电视和报纸要更及时更猛烈一些。对于咖啡店来说，要善于利用网上社区的力量，来为线下服务，从而促进营业额的提升。星巴克是最早触网的传统餐饮企业之一，并且依靠网上社区出色地做到了为线下服务，这也是星巴克咖啡店能够获得成功的主要原因之一。

　　星巴克的这一做法可以追溯到1998年，当时星巴克就上线了官方网站Starbucks.com，推出这个官网的目的是让更多的网民了解星巴克，这是星巴克互联网道路的开始。当时星巴克CEO霍华德·舒尔茨的想法是把星巴克打造成一家通过网络销售咖啡、厨房用品等产品的互联网公司，但由于各方面的原因，这件事无果而终，舒尔茨的愿望也没有实现。之后是2000年舒尔茨卸任CEO，没有舒尔茨的星巴克其互联网之路走得并不顺畅，直到2008年舒尔茨的回归才走上了坦途。舒尔茨上任不久就召开了股东大会，指出了用户反馈的重要性，发布了为改善星巴克服务的互动网上社区——MyStarBucksIdea.com，鼓励消费者通过这个网站给星巴克提建议。在这个网上社区，客户可以针对星巴克的某个问题提供自己的建议和思路，还能对星巴克的产品进行评论，同时还可以进行优惠互动。星巴克的网上社区取得了很大的成功，取得了良好的网上反馈、线下改善的效果。仅仅用了5年时间，星巴克就收集了15万条建议，其中有277条对星巴克来

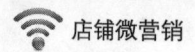

说都很有借鉴意义，星巴克根据这些建议在线下门店做出相应调整。星巴克也依靠这些调整提升了自身的服务品质，加深了星巴克在消费者心中的品牌形象，并促进了营业额的不断攀升。

星巴克创建网上社区的做法，告诉咖啡店经营者，在互联网迅速发展的今天，当众多的店铺都在强调线上的时候，咖啡店的经营自然也要注重线上的作用。而最明智的做法是建立属于自己店铺的网上社区，让自己的顾客可以在论坛上针对咖啡店的产品、环境、服务等方面来发表意见，然后通过这些意见来改善自己咖啡店的经营，提升咖啡店的服务，从而吸引更多的顾客到店中来消费。要想让线上的网上社区发挥作用，就要懂得如何去创建网上社区，咖啡店的网上社区的创建主要有以下几个需要注意的方面。

1. 明确网上社区的定位和主题。咖啡店在创建网上社区之前要明白定位和主题，也就是说要明白自己的社区是干什么用的，咖啡店创建网上社区的目的是为提高线下实体店的服务提供依据，所以社区在创建的时候要向这方面倾斜。网上社区有综合性社区和专业社区，两者各有优势，前者通常可以吸引大量人气，首先取得网民的注意力。而专业性社区往往直接蕴含着商机，能够从中挖掘大量潜在的消费者，而咖啡店可以推出专业性社区，这样才能更准确，更加有针对性。除此之外，要把社区定义为成员可以与其他成员交流信息的平台，同时也是一个休闲的场所，这样才能让成员在轻松愉快的气氛中发表自己对咖啡店产品与服务的意见。

2. 要确定好社区功能。咖啡店在创建网上社区的时候，要确定好社区功能，也就是说要设置好聊天室、讨论组、即时信息、回复通知、留言系统等，当然并不是所有功能都需要具备，咖啡店可以根据自身具体情况选择要设置的功能。

3. 要做好网上社区管理。咖啡店创建网上社区并不是最终目的，最终目的是要利用网上社区为线下服务，这就需要做好网上社区的管理。对于网上社区来说，最害怕的是参与者少，所以，咖啡店要吸引尽可能多的成员参与到网上社区的讨论中来。而要做到这一点，就需要网上社区足够开放、平等，营造一种开放、平等的氛围，无论新老会员都可以自由参与。同时要做到网上社区环境的清洁，也就是说要屏蔽掉广告，因为大量的广告会使会员感到厌烦，同时还要删除非法言论、恶意中伤的帖子。

以免费网络吸引消费者

咖啡店是顾客休闲的地方，要想产生利润，就要让顾客可以逗留，以增强顾客黏性，而提高黏性的一种重要方式是让顾客感到便利。比如，在休闲的时间里上上网，是很多人在咖啡店消磨时光的重要方式，如果咖啡店能为顾客提供免费上网的服务，那么就能在很大程度上留住顾客。星巴克就是依靠免费网络的方式来吸引消费者的，并且取得了良好的成效。

早在2001年，星巴克就开展了与微软的合作，开始在门店里为消费者提供Wi-Fi网络服务。只不过此时的Wi-Fi网络服务是收费的，但尽管如此，还是在一定程度上吸引了很多顾客走进星巴克。在网络服务方面，星巴克一直在寻找优良的提供商，先是Mobile Star，之后是T-Mobile，后来是覆盖性更好的AT&T的无线网络服务。除了寻找网络服务商外，星巴克逐步把Wi-Fi网络改为免费提供，并且逐步放开了使用时长限制。到2010年7月AT&T已经为全美境内近7 000家星巴克咖啡馆提供网络服务，此时的星巴克为顾客提供的是无限制的免费Wi-Fi接入服务，并且无须注册。2010年10月20日，星巴克正式启动了星巴克数字网络（Starbucks Digital

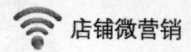

Network）服务，这一服务是由星巴克与雅虎合作开发的，在这个服务下顾客可以在品味星巴克咖啡的同时通过免费的Wi-Fi网络，自由访问各种免费或付费网站，享受高附加值的数字网络服务。还可以免费阅读《华尔街日报》《今日美国》《纽约时报》《经济学人》等付费内容。至此，星巴克的免费网络服务已经比较完善，顾客在星巴克可以享受优良的免费网络服务。然而，此时的星巴克咖啡店在网络上还有一个弊端：速度慢。星巴克AT&T的免费无线网络速度过慢令人诟病，为了解决这一问题，星巴克开始与谷歌展开合作，从2013年8月起，利用18个月的时间为美国本土7 000家门店提供快10倍的无线网络连接，而如果顾客身处Google Fiber所在的堪萨斯州，那么就能享受到高速光纤接入服务，而上网速度将提升100倍。除此之外，星巴克与谷歌达成合作，为顾客提供无限量的免费音乐下载服务。

星巴克（中国）在免费网络上也做得比较出色，星巴克与中国移动展开了全面合作，星巴克在全国约230家分店都在运用中国移动的这一网络服务。具体方式是星巴克以包月付费的形式来获得星巴克的宽带服务，而来星巴克消费的客户可以通过手机短信获得上网账号，享用免费的Wi-Fi服务。除了与中国移动合作外，星巴克还与中国电信展开了合作。比如2012年上海电信和星巴克合作，为上海200家星巴克门店提供免费Wi-Fi无线网络服务。Wi-Fi无线网络服务对顾客是很有吸引力的，因为只要在星巴克附近就可以搜索到名为ChinaNet-Starbucks的无线网络，通过输入手机号获得激活Wi-Fi无线服务的短信，每次激活有效期是7天，同时，网速带宽高达4~10兆。这种高质量的Wi-Fi无线网络服务的接入，无疑能提升星巴克的吸引力，让越来越多的顾客在星巴克享受属于自己的咖啡时光。

除了便捷、高速外，星巴克的网络还有另外一个极具吸引力的地方，那就是安全性高，连美国空军上校都称星巴克的免费无线网络比五角大楼的网络更安全，曾下令手下律师不要将敏感文档放在五角大楼网络上，而是用个人电脑通过咖啡店和旅馆的免费Wi-Fi传送。这种安全系数极高的免费Wi-Fi无疑能够对顾客再次形成吸引力，从而吸引更多的消费者走进星巴克中来。

如今，在互联网迅速发展的今天，在很多咖啡店都有免费上网的服务，顾客走进店内喝咖啡能随时、随意免费上网。而在喝咖啡的时候根据个人喜好上网看新闻、发微博已经不再是一件难事。走进咖啡馆的很多都是老顾客，很多老顾客在咖啡店一坐就是一下午，一般都会使用咖啡店内的免费上网服务。而提供免费的上网服务，也已成为吸引顾客的一种重要手段。所以咖啡店店主要想增强顾客黏性，就要为顾客提供免费的Wi-Fi上网服务，让顾客只要进入咖啡店，搜索到咖啡店的无线网络就可以连接上网。要保持良好的无线网络服务，就要选择好无线网络路由器品牌，咖啡店要根据自身的情况来选择合适品牌的路由器，以为顾客打造良好的免费上网服务，从而增强顾客黏性。

 # 利用社交网络推广品牌

随着代表新一代互联网应用的Web2.0时代的到来，社交网络已经成为新一代互联网经济同传统社会密切结合的代表。所谓的社交网络是"网络＋社交"的结合体，社交网络代表一种通过互联网连接实现的社会关系；它通过网络这一载体把人们和机构等个体连接起来，形成有机的、互动的、具备一定属性特点的社会关系团体的集合。

社交网络是以"共同点"为基础，让具有不同学历、职业、身份、

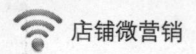

兴趣、爱好、信仰的人聚集在一起，进行沟通、交流、发表见解。随着互联网的迅猛发展，社交网络也开始不断涌现，除了Facebook、Twitter、Youtube等社交网络巨头外，还有很多小的社交网络不断走进人们的眼球。社交网络不单单是社交的平台，更是互联网时代营销的一大利器，很多企业、店铺都在利用社交网络推广自身品牌，并且取得了非常好的效果，而星巴克就是其中的代表。

星巴克在进行品牌推广的过程中，充分利用了Facebook、YouTube、Twitter等社交网络来推广自己的咖啡品牌。为了推广自身品牌，星巴克分别注册了Facebook、YouTube、Twitter账号，并组建专门团队进行运营。

Facebook创建于2004年2月4日，主要创始人为美国人马克·扎克伯格，Facebook是一个社交网络服务网站，用户已经超过10亿。Facebook用户可以通过它和朋友、同事、同学以及周围的人保持互动交流，分享无限上传的图片，发布链接和视频。正是因为Facebook有这么多的用户，并且有这么强的社交功能，所以成为品牌推广的一大利器。星巴克正是看到了Facebook强大的社交功能，所以就注册了Facebook星巴克账号，并利用Facebook发布品牌信息，并与消费者形成较强的互动，起到了良好的品牌推广效果。

YouTube是世界上最大的视频网站，其创办原意是为了方便朋友之间分享录影片段，后来逐渐成为网民的回忆储存库和作品发布场所。YouTube还有超强的分享元素。进入首页，不再是一大堆推荐视频，而是你所订阅频道的动态。进入个人频道，用户可以发布Feed。在视频评论里，用户可以@他人，同时还可以进行视频分享，如果点分享键，可以把视频分享到各大社交网站上去。正是因为可以上传视频，并且有较强的分享性，所以星巴克在2005年11月注册了YouTube账号，通过视频的方式来推广自己的咖啡品牌。这种品牌推广的方式取得了良好的效果，星巴克的YouTube账号有超过两万的订阅用户，而视频被观看的次数也超过800万次。

　　Twitter是一个社交网络及微博客服务的网站，是全球互联网上访问量最大的十个网站之一。允许用户将自己的最新动态和想法以移动电话中的短信息形式发布，同时这款应用可以绑定IM即时通讯软件。由于有这么强的社交功能，星巴克也开通了星巴克Twitter账号，并通过这个账号来推广星巴克品牌，并且利用这个账号来提供完善的服务，比如星巴克上线的"Tweet-a-Coffee"服务，这项服务允许用户向Twitter好友和粉丝赠送价值5美元的星巴克抵用券。用户只需要绑定个人星巴克账号和Twitter账号，然后再绑定信用卡，就可以通过Twitter向好友赠送星巴克抵用券了。星巴克Twitter账号起到了很好的品牌推广作用。

　　除了以上3个社交网络外，星巴克还充分利用Pinterest、Instagarm和Google+等后起社交网站来推广自己的品牌，并且也取得了良好的品牌推广的效果。截至2012年，星巴克Pinterest的粉丝超过8万，星巴克Instagram的粉丝有118万之多，而星巴克Google+账号的粉丝则超过了153万。粉丝数的增加意味着品牌推广效果的提高，星巴克就是利用这些大大小小的社交网络来提升自身品牌的影响力。星巴克的做法告诉咖啡店经营者要善于借助社交网络的力量来推广自己的咖啡品牌，具体的社交网络可以是Facebook、YouTube、Twitter等国外社交网络，也可以是腾讯、百度等国内社交网络。同时在这些社交网络上推广咖啡品牌的时候，还要做好以下三种工作。

　　1. 做好信息发布和传播。咖啡店可以利用社交网络发布一些最新的资讯和产品信息，并在其网页上组织一些活动，以达到更好的咖啡店品牌推广与传播的目的。

　　2. 要积极倾听用户意见，找出自身不足。现在的用户，有不满和抱怨

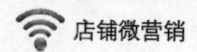

的时候常常会在店铺品牌主页上留言，如果这种抱怨得不到解决的话，用户就会大肆传播，这是不利于品牌推广的，如果能够及时给予解决，并进行诚意的回复，就能给用户带来好感，促进品牌的传播与推广。

3. 做好社会化电子商务功能。对于咖啡店来说，做营销推广的目的是为了获得更大的销售业绩，所以咖啡店可以利用社交网站直接对顾客展开产品的销售，咖啡店要做好这一点，就要做好社会化电子商务功能，比如做好预订功能与支付功能，让产品可以在社交网站上直接销售。

 ## 在线支付助力O2O

店铺O2O已经成为典型的店铺打造方式，越来越多的咖啡店也走进O2O模式中去，而在这个模式中，在线支付起着非常关键的作用，它是O2O模式实现成功闭环的重要决定因素。星巴克可以说是最早触电O2O的咖啡店之一，它通过提供免费线上服务（Online）为线下门店（Online）吸引并留住了大量顾客，在大幅增加收益的同时，还树立了良好的品牌形象。甚至可以说星巴克是最成功的移动支付尝试者。

星巴克移动支付尝试始于2009年，起先只在美国西雅图和海湾地区的16家门店推行。通过此番尝试，星巴克发现，星巴克利用移动支付的支付系统不仅可以提高效率，更可以让其与合作伙伴和顾客之间建立一种额外的联系。星巴克的数字化策略为公司带来了巨大的收益，PC端和移动端的发展都比较顺利，而星巴克的移动支付业务也吸引了越来越多的消费者。许多顾客来到星巴克店里都使用星巴克卡（Starbuck card）消费。在美国，星巴克门店里30%的交易是通过这种虚拟支付卡进行的。

在2011年1月，星巴克正式在美国推出了具备支付功能的iPhone和黑莓版移动APP，在这年的6月还发布了安卓版本。这种支付手段添加进移动APP后，星巴克移动支付卡交易就迎来了巨大的增长。经过数据调查发现，移动支付规模达到2 600万笔，成为美国当时最大的移动支付项目。在2012年8月，星巴克向移动支付企业Square投资了2 500万美元，3个月后便正式在其门店使用Square刷卡服务，并通过"10美元购买激活即送10美元余额"的方式进行推广。2013年1月初，星巴克在其美国7 000多家门店开售Square刷卡器，以10美元购买激活即送10美元余额的方式来进行促销。也是在2013年1月，共有超过700万顾客使用星巴克的移动支付APP。2013年，移动支付渠道总共为星巴克贡献了超过10亿美元营收，几乎"秒杀"了实体店里的所有移动支付工具。

星巴克绝大部分的移动支付，是通过其获得奇迹般成功的智能手机应用完成的。星巴克移动支付以虚拟会员卡星巴克卡为媒介，顾客可将星巴克卡与PayPal或信用卡绑定，读卡装置扫描显示在用户智能手机显示屏上的二维码从而完成支付。并且，其移动支付与奖励体系打通，用户可以集星换礼。这就是说星巴克的移动应用实际上更像是一个数字礼品卡，用户可以重新添加，重复支付和消费，不过只能用于星巴克连锁店。也正是这种独特的支付方式让美国星巴克门店里30%的交易是通过这种虚拟支付卡进行的。在其余75%交易中，可以假定25%为现金支付，50%为刷卡。这相当于刷卡支付的交易总额每年40亿美元。

星巴克已成功建立了"官方网站+网络社区+社交媒体"三者紧密结合的线上运营体系，从O2O的角度来说，星巴克的线上部分已经能够高效地负担其品牌推广、产品销售以及客户关系管理。通过近几年在移动支付领域的投入，加上移动互联网的发展特点，星巴克的线上和线下已经实现高效无缝融合。

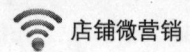

　　星巴克布局移动支付的做法告诉咖啡店经营者，咖啡店O2O已经是让咖啡店赚大钱的重要秘诀，而要想好做好咖啡店O2O，就要做好在线支付，在线支付能为店铺与顾客之间搭建简捷快速的交易平台，从而促进交易的发生。咖啡店布局移动支付的方式可以利用银联、支付宝等在线支付工具，也可以利用微信与相应的第三方支付方式绑定的方法来做。

第十四章　三只松鼠：网店这样做才能撬动财源

 确立明确的目标人群

　　互联网时代，电商异军突起，大有冲垮传统店铺的趋势。然而，做好电商并不容易，让自己的店铺从众多店铺中突围而出更不容易。要经营一家成功的网店，首先是要明确目标人群。目标人群定位是网店战略源头，没有它，店铺在其他战术领域无论做对多少事情，最后终归失败。唯有确定了目标人群，网店才有成功的可能。"三只松鼠"的成功很大一部分原因就是由于有明确的目标人群定位。

　　三只松鼠是一家以坚果、干果、茶叶等森林食品的研发、分装及网络自有B2C品牌销售的现代化新型企业，其品牌网络渠道全面覆盖天猫、淘宝、京东、1号店等各类渠道。它于2012年6月在天猫上线，65天后成为网络坚果销售第一，2012年"双十一"创造了日销售766万元的奇迹，名列

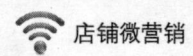

中国电商食品类第一名，2013年的坚果销售额超3亿元，可谓是电商经营的典范，引领了食品电商的新开端。它的成功在于其CEO章燎原以互联网思维经营自己的店铺，而其中最为关键的一步是其有明确的目标人群定位。

三只松鼠的目标人群定位是非常明确的。它把目标人群定位在80后、90后互联网用户群体。80后、90后群体奉行个性至上，讲究情调、品位和生活质量，而且有消费多元化、欣赏前卫、追逐时尚等特点。而网购的迅速崛起，更是迎合了他们的购物需求。有了明确的目标群体后，它就开始根据这个明确的定位展开自己的营销。这种营销方式首先体现在三只松鼠的名称上，这个名字除了很好记忆，还非常好玩，符合80后、90后消费群体的特征。

除此之外，三只松鼠在形象和包装上也根据目标人群的人群特点进行设置。

看过其品牌形象的人，都对3只卡通松鼠过目不忘。这3只小松鼠不只是色彩鲜艳，鲜活可爱，而且每个还都有自己的名字，同时代表着一种典型性格。例如松鼠小酷，代表着技术宅人群，喜欢发明创作，并且对一切新奇的事情都充满兴趣，完全符合宅男的心理；松鼠小贱，又贱又萌，符合当下社会屌丝文化人群的心态；松鼠小美，温婉美丽，是年轻女性的典型代表。这3只松鼠的形象基本上涵盖了80后、90后消费者的消费心态，能够调动80后、90后的购买兴趣。

除了设置这3只可爱的松鼠形象外，它在包装上也充分迎合了80后、90后的心理特征。它的包装盒被称为鼠小箱，外观或者是美丽的松鼠小美，或者是贱兮兮的松鼠小贱，抑或是代表宅男形象的松鼠小酷，有时还是松鼠家族；其每个包装盒都附有轻松有趣的文字，给人耳目一新的感觉；它在送给顾客的包裹里放置了果壳袋、湿巾、封口夹等物品，方便顾客使用，上面也会有一些趣味提示语，比如："主人，我是鼠小袋，吃的

时候记得把果壳放进袋子里哦。"

除了在形象和包装上拥有明确的定位，三只松鼠在服务上也在向着目标人群的特点靠拢。它特意对位于销售链前端的售前客服进行分组，分组的标准则是顾客的性格与个人偏好。丧心病狂组松鼠负责招待喜欢各种段子，偏向重口味、开起玩笑可以没有底线的消费者；小清新文艺组松鼠则负责接待高端，并且具有文艺范儿的消费者。这种分组方式让它受到80后、90后年轻用户的喜欢，增强了顾客黏性。

三只松鼠就是靠着明确的目标人群定位，制定了相应的营销推广措施，并最终创造了电商销售神话。它的成功告诉网店经营者，要想开一家赚钱的网店，首先要有明确的目标人群，要认清自己的网店将会服务哪些目标人群。有了明确的目标人群定位，网店还要根据目标人群的消费心理与特点，制定全方位的店铺营销策略，从产品到包装，再到服务都要围绕着目标人群的消费心理与特点展开。唯有如此，才能精准出击，让自己店铺的产品受到用户的喜爱，并且促进成交。

 ## 追求极致的用户体验是核心

互联网时代，到处都在讲用户体验，甚至可以说用户体验决定着店铺的生死，对于电商来说，同样要注重用户体验。在电商林立的当下，要想在竞争中脱颖而出，电商靠什么？除了要依靠质量过硬的产品外，还要依靠用户体验。哪个电商能把用户体验做到极致，就能取得成功，挣得大钱。三只松鼠的滚滚财源不是来自坚果产品，而是为消费者提供了一种近乎极致的消费体验。

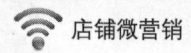

提起三只松鼠，很多消费者脑海中都会出现一个词——卖萌。它确实把卖萌做到了极致，从三只松鼠的卡通形象，到产品包装外，再到服务，到处都充斥着卖萌的做法。比如三只松鼠在快递箱封口上写着："亲爱的快递员哥哥：我是鼠小箱，我要去见我的新主人了，请您一定要轻拿轻放哦！"

而在沟通服务上，三只松鼠更是把卖萌做到了极致，顾客从与客服第一秒的沟通开始就能感受到这种卖萌。"主人，很高兴鼠苗苗可以为您服务！相信有您的支持，很快鼠苗苗就有机会当上总经理！出任CEO！"总之，它从创建起就一直渗透着卖萌的信息，而在消费者的心目中，三只松鼠是最会卖萌的电商经营者。

为何要采取这样的方式来做电商？因为它在依靠这种手段为消费者打造一种独特的购物体验，而卖萌只是提升这种体验的一种手段。正如其CEO章燎原强调的"追求极致的用户体验才是核心"，他的经营理念是"一定要做到让顾客来找你，而不是你去找顾客。因为你的展现太少了，而顾客是多样化的"。而要想让顾客找到自己，最重要的是要为顾客打造极致的消费体验。三只松鼠在这方面做得比较出色，它为顾客打造完美消费体验的方式就是沟通，章燎原鼓励客服与顾客之间多进行沟通交流，并且把顾客当作自己的主人。"主人，您有什么需要？"这是客服们的对话框里经常会出现的一句话，这样一个问句对消费者有很大的触动，能够让消费者感受到一种惊喜，还夹杂着感动、尊敬。在淘宝店中，30个客服MM变成了为主人服务的松鼠，顾客和商家的关系被演化成主人和宠物的关系。这就是三只松鼠打造的颇具人格化的服务模式，它力求在每一个沟通环节都做到完全的人格化，并且寻找所有可能的沟通机会。"主人"写一条微博，几个官方微博会立刻形成互动调侃；在微信上给"松鼠闺密"留言，闺密会马上给主人回话。

从中我们可以看出，三只松鼠为顾客打造的是一种美好的购物体验，其具体方式就是情感营销，正如CEO章燎原所说："我们的侧重点是考核跟主人的沟通，交朋友为主。怎么样才算是交朋友了呢？如果顾客表扬你了，我认为你是很优秀的。今天说了很多，聊天的字数很多，我们认为聊天聊得很彻底，是从这些方面来衡量的。"这就说明三只松鼠正是依靠情感营销为顾客打造良好的消费体验，这也是它能够迅速蹿红，并撬动滚滚财源的重要原因。

　　三只松鼠的做法告诉电商经营者，要想开一家赚钱的网店，就要追求近乎极致的消费体验。互联网时代，微博、微信、论坛等社会化自媒体平台的井喷式发展给电商营销提供了非常便捷的平台，但是对于消费者而言，他们由此具备了更为宽广的信息获取渠道，病毒式的传播更具威力。电商要在这样的大环境下脱颖而出，就要形成口碑，其关键就在于为消费者提供美好的购物体验，唯有顾客对网店的产品与服务产生满意感，他才会向亲朋好友、合作伙伴推荐，替网店进行有效的市场推广。当然，如果消费者不满意产品与服务，也会向身边人群广而告之，这些负面信息对网店的发展将产生很大的阻碍作用。

　　对于网店经营者来说，要尽自己最大的努力，追求极致的用户体验。具体来说，要从两个方面入手，一方面是要为顾客打造高质量的产品，高质量的产品能让顾客对网店产生信服的感觉；另一个方面是要为消费者打造高质量的服务，服务是让顾客产生美好体验的重要手段，甚至可以说服务质量的高低直接决定着网店的生死，当服务质量高，并且超越了消费者的预期时，就能给顾客带来美好的消费体验，这对网店的盈利具有很大的推动作用。

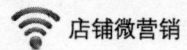

 ## 靠品牌个性塑造竞争优势

互联网时代，开一家赚钱的网店并不是一件简单的事情，因为在同行业中有成千上万的卖家，而要在与成千上万店家的竞争中取胜，就要塑造品牌个性。对于电商来说，成功的关键在于拥有个性化的东西，比如同样是卖化妆品，有人追求销量，有人追求个性，而个性是电商得以生存的最重要的基础。电商品牌要做到个性，就要在品牌形象描绘、商品包装的描绘、宣扬办法的挑选、服务等方面充分表现自身品牌的个性，这样才能疾速变成杰出的网上品牌。三只松鼠竞争优势的获得依靠的就是独特的品牌个性。

三只松鼠的品牌个性主要体现在与同类品牌的差异化上，做坚果的电商有很多，而唯有三只松鼠做得个性突出。与大多数电商不同的是，它只在网上销售，没有线下商店，消费者唯有光顾其线上商店，才能买到它的产品。它的品牌个性还体现在形象与包装上，为了突出品牌个性，特别设计了3款可爱超萌的松鼠形象，在包装上也用卡通形象来完成，并且还赋予幽默风趣的话语，这就让三只松鼠有鲜明的品牌个性。此外，它还配备了独具特色的服务模式，按照不同的顾客来分组，并在服务的过程中极尽调侃之能事，给顾客带来有趣的消费体验。通过反复的强化，三只松鼠形成了强大的品牌个性，在消费者的眼中，它就是个呆萌可爱的坚果品牌，所以，大家一提起坚果网店，就忍不住会想到个性鲜明的三只松鼠。这无疑就增强了其品牌竞争优势。

三只松鼠依靠鲜明的个性塑造自身的竞争优势，告诉网店经营者，要在众多网商中脱颖而出，就要塑造品牌个性，颇具特色的品牌特性能让消费者产生极高的忠诚度，对于网店经营者来说，要打造这种独具特色的品牌个性，一是要做到产品的独特，二是要进行相对应的独特文化塑造。

所谓的产品独特就是要卖人无我有的货品，互联网时代独家货会成卖点。当信息时代让整个社会呈现碎片化趋势后，选择独家货更容易获得认可和忠诚。选择个性化的品牌道路，需要电商能打造出个性产品。独家货是个性产品的一部分，除此之外，还要在产品设计上体现出独特性，同一款产品要融入独特的设计元素，让自己的产品与其他网店的产品呈现出差异化。

进行相对应的独特文化塑造是打造独特产品个性的最重要方式。并不是所有的网店都要选择卖独家货的形式，因为电商的迅速发展带来的是产品品类的无孔不入，电商的市场上几乎已经找不到空白点，此时要打造有个性的品牌，就需要通过对品牌进行文化塑造，也就是说要寻找网店内部的文化链和个性链。文化链是指贯穿于店铺及品牌运营，直至产品推广销售完成的整个过程中，始终所沿袭的企业文化及品牌文化。个性链即产品的个性定位，具体做法是通过细节分析来实现自身品牌的个性化产品。具体来说，通过独特文化塑造品牌个性要做到以下3点。

1. 根据品牌定位，确定品牌个性。品牌的定位其实也就是产品的最终购买者定位，网店要打造独特的个性产品就要了解目标群体的年龄、教育程度、收入状况、生活习惯、品位和个性特点，等等。依照这些人的特点来确定品牌的个性。

2. 把握消费者心理需求，保持品牌个性与消费者个性一致。网店品牌的个性塑造离不开目标人群的消费心理，消费者是有个性的，消费者喜欢的品牌也是跟他们个性相符合的品牌。所以，在塑造有个性的产品品牌的时候不能盲目为之，而要在把握消费者心理的需求的基础上进行。

3. 要凸显品牌个性的差异性。店铺品牌要有个性，最关键的是要具有

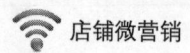

差异性，要打造品牌的差异性必须在品牌定位的基础上，对产品包装、品牌标识、促销策略等方面实施差异化策略，使自身的产品与众多的其他同类产品区别开来。

 "三只松鼠"拒绝分销

在经营电商的过程中，店铺要想取得飞速发展，最常用的手段是分销，很多电商品牌也利用分销的方式取得了很大的成功。然而，三只松鼠始终拒绝分销，甚至在做到网上坚果类第一的时候仍旧拒绝分销。这种一反常规的做法非但没有阻碍其发展，反而产生了极大的促进作用。

所谓分销就是建立销售渠道的意思，即产品通过一定渠道销售给消费者。从这个角度来讲，任何一种销售方式我们都可以称之为分销。分销是产品由生产地点向销售地点运动的过程，产品必须通过某一种分销方式才能到达消费者手中。这种分销的方式能够保证店铺更为广阔的进行产品的销售，从而促进店铺利润的实现。虽然分销对网店有很大的促进作用，但是这似乎不能对三只松鼠形成诱惑力，三只松鼠不仅不做线下分销，也不参与线上分销。三只松鼠不做分销是有自己的原因的，它在自身情况的基础上有取有舍，正是这种取舍可以让三只松鼠轻装上阵，以迅猛的速度发展下去。

首先，三只松鼠不做线下分销。分销的要义在于货畅其流，大多数优秀的制造商拥有覆盖全国的销售渠道，这些渠道主要有传统批发渠道、经销商、现代零售渠道、专卖店渠道等。线下分销指的是为品牌在线下寻找除了自身以外的销售渠道，最重要表现形式是招加盟商。招更多的加盟商

对于品牌的发展无疑具有很大的推动作用，而利润也能从不同的加盟商手中获得。找加盟商能够避免自身狭窄销售渠道，让更多的销售方式参与到产品销售中来。虽然线下分销有这么大的作用，但是三只松鼠还是拒绝了线下分销，对很多来自全国各地要求线下加盟的商友三只松鼠都给予了拒绝。三只松鼠这样做有自己的考虑，如果在线下分销，那么就会增加产品的流通环节，这样就拉大了产品与消费者之间的距离，会在一定程度上破坏产品的新鲜度，进而影响消费体验。消费体验得到影响，品牌的影响力就会下降，这是不利于店铺品牌发展的。

其次，三只松鼠不做线上分销。很多品牌在做强做大的时候会选择在网上寻找分销商，以促进自身品牌的发展。店铺搭建网上分销渠道，借助众多自动化的功能和技术，能大大节省用户的人力和时间，轻松打造企业独有的网络分销平台，让更多的人帮店铺卖货，实现业务的快速增长。线上分销虽然能够增强品牌影响力，然而也存在一定的缺点，比如分销商违规操作，服务质量下降，出现窜货假货。这都是不利于网店的发展的。三只松鼠不做线上分销也有这方面的考虑，除此之外，三只松鼠还有不做线上分销的一个重要原因，那就是三只松鼠的坚果都是在低温仓统一仓储，一般线上分销商是不具备这方面的条件的。如果非要进行线上分销的话，那么产品还必须要在三只松鼠内储藏，然后把产品发给分销商，分销商再卖货，这就增加了发货环节，产品的新鲜度自然会受到影响。

从中我们不难看出，三只松鼠既不做线下分销，也不做线上分销，这种不做分销的模式给网店经营者以启示，并不是所有的品牌在做强做大的时候都要做分销。是否能够做分销要从自身的因素去考虑，看自己的产品是否适合做分销，同时要考虑到做分销的投入产出比。网店品牌做强做大之后，不单单要想到赚钱，更要想到的是如何维护产品品牌。对于电商来说，既要做好维护产品品牌，又要兼顾分销商并不是一件简单的事情。

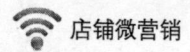

因为店铺要对自己的分销商负责任，要对自己的分销商进行跟踪管理，这样才能保证分销商在做销售的时候不至于拉低品牌在消费者心中的印象。分销成功的最大的魅力在于分销环节可以在品牌商的基础上做出更多本地化、更贴近消费者需求的服务，能够让消费者感受到品牌服务在身边，然而这一点是在分销的过程中不易于实现的，因为分销商仅仅是加盟商，销售的不是自己的产品，为了获得利润，那就会出现假货窜货的现象，在服务上也可能不会那么尽心尽力，这都是不利于店铺发展以及产品销售的。

不管是在线上，还是在线下，都不要对分销过度迷信，要善于根据自身的情况来决定自己是否适合做分销，如果分销利大于弊，就可以采取分销的模式；反之，则要抛弃分销的模式，依靠直销来做大做强自己。

 撬动媒体资源抓取用户

网店品牌要想做强做大，最关键的是营销推广，而媒体在营销推广的过程中起着非常重要的作用。不管是传统媒体，还是以微博、微信为代表的新媒体，都对网店品牌的营销推广起着非常重要的作用。三只松鼠在进行品牌推广的过程中，就成功撬动了媒体，进而抓住了用户的眼球。

三只松鼠成功撬动媒体，首先体现在充分利用了传统媒体，传统媒体指的是电视、报纸、杂志等品牌营销推广的媒介。这些传统媒介因为曝光率高，所以能起到很好的品牌营销推广的效果。为了宣传推广自己的品牌，三只松鼠CEO章燎原频频现身各大电视、报纸、杂志，这个传奇人物的出现，引发了媒体的热捧。章燎原的频频现身，就是三只松鼠的频频现身，这样就能让更多的人认识三只松鼠品牌。事实正是如此，三只松鼠品

牌和它的团队都被大众所熟知。

　　其次，三只松鼠充分利用了自媒体。互联网发展到今天，微博、微信、BBS、SNS等自媒体形式不断涌现，这些自媒体让传播更加的方便快捷。在这个人人都是自媒体的时代，网店如果能够充分利用自媒体来营销推广自己的品牌，定然能够起到良好的营销推广效果。

　　三只松鼠就紧紧抓住了自媒体工具来推广自己的品牌，充分利用了微博在品牌推广中的作用，建立了微博矩阵，利用矩阵很好地推广了自己的品牌。三只松鼠还充分利用微信展开营销，为了起到更好的营销推广效果，它一共开通了6个微信公众号：三只松鼠、松鼠主人服务中心、松鼠小酷、松鼠小美、松鼠小贱、松鼠星球6个账号，这6个账号都有专门的人负责，并且负责推广不同的内容。在这6个账号中，三只松鼠是母账号，承担着运营三只松鼠的一切功能；松鼠主人服务中心是专门为顾客服务的微信账号；松鼠小酷、松鼠小美、松鼠小贱3个微信账号主管不同风格的内容，是根据三只松鼠自身的形象展开具体的营销活动的。这3个账号在运营的过程中，充分发挥了三只松鼠一贯的呆萌形象，以有趣来吸引顾客眼球，比如，松鼠小美每期会根据一个主题制作电台节目《你妹电台》《一个人，也要好好喝杯茶啊魂淡！》《同桌的你》等。松鼠星球是会员服务号，这个账号通过微会员提供高质量的服务，把三只松鼠的品牌更加形象地展现在顾客面前，从而增加了顾客黏性。

　　这就是三只松鼠利用媒体进行营销推广的策略，依靠媒体，三只松鼠品牌在顾客心中的形象更加深刻，也让更多的人知道三只松鼠品牌的存在。三只松鼠的媒体营销方式告诉网店经营者，要善于利用媒体抓取观众的眼球，从而起到品牌推广的作用。

　　首先，网店要重视传统媒体的营销推广作用。传统媒体是相对于近几年兴起的网络媒体而言的，以传统的大众传播方式即通过某种机械装置定

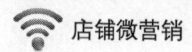

期向社会公众发布信息或提供教育娱乐交流活动的媒体，传统媒体包括电视、报刊、广播等。传统媒体由于有大量的受众，特别是电视，这就有利于网店品牌的推广。然而，网店利用传统媒体进行也有一定的缺点，那就是要花费巨大的广告推广费用，这是一般的网店品牌无法进行的。

其次，网店要充分利用自媒体进行营销推广。自媒体营销是指利用自己的官方网站、企业微博、微信公众号等一系列相关的媒介营销，从而获得外界对自己品牌的关注与认可。与传统媒体营销相比，自媒体营销更加私人化、平民化、普泛化、自主化，并且加上电子信息化的营销手段，可以向特定的目标群众传递规范性的营销内容。网店利用自媒体进行品牌营销推广具有无可比拟的优越性，这种营销方式不受时间、空间的限制，并且可以形成互动，再有就是不需要高额的费用就能完成营销推广，这就为一般网店展开营销推广提供了可能与便利。现今，很多网店都通过互联网形成互联网品牌，基于花费与效果方面的考虑，网店很少再依靠传统媒体发布广告等方式，而是更多地注重借助社会化媒体打造个性品牌。